Christophe Deloire

LA MATRICE

CALMANN LEVY

CALMANN LÉVY

COUVERTURE
Maquette : Pierre-Yann Lallaizon/
Studio Recto Verso

ISBN 978-2-7021-8476-9

« La Matrice est universelle. Elle est omniprésente. Elle est avec nous ici, en ce moment même. Tu la vois chaque fois que tu regardes par la fenêtre ou lorsque tu allumes la télévision. Tu ressens sa présence quand tu pars au travail, quand tu vas à l'église ou quand tu paies tes factures. Elle est le monde qu'on superpose à ton regard pour t'empêcher de voir la vérité. »

Morpheus, *Matrix*

Avant-propos :

BIENVENUE DANS LA MATRICE

Reprendre le contrôle.

Ce devrait être le mot d'ordre de notre génération.

Reprendre le contrôle de nos vies, reprendre le contrôle de nos démocraties, et reprendre le contrôle des technologies qui déterminent notre vision du monde.

Refuser la soumission à la *matrix*.

Dans le film hollywoodien des Wachowski, un programmeur informatique, Neo, découvre le caractère virtuel du monde, et décide de résister à la matrice.

C'était alors un film de science-fiction, sorti en 1999, quatre ans après la création du Web par un informaticien du CERN à Genève, Tim Berners-Lee. C'était avant la transition des frères Wachowski, devenus sœurs depuis lors, et avant la transition millénaire.

Nous étions convaincus d'avoir du temps avant que la matrice circule puis s'infiltre en nous. Notre humanité semblait imperméable à la technologie, irréductible aux séries de zéros et de uns, on ne la mesurait pas en bits. Nos institutions démocratiques, solides, ne se laisseraient pas balayer par un vent électronique.

Pourtant, nous voici englués dans le silicium, élément dont sont faits les composants électroniques.

Les écrans de notre téléphone, de notre ordinateur, de notre voiture, présentent une réalité triée, adaptée, arrangée en fonction de nos variables personnelles. Les entreprises du « capitalisme de surveillance » savent tout de nous : nos habitudes de consommation, nos dadas et nos hobbies, nos goûts en tout genre, nos interrogations philosophiques comme nos pulsions intimes. Elles tirent leurs bénéfices, et leur pouvoir, d'une capacité inédite dans l'histoire de l'humanité. Grâce aux prédictions sur nos comportements futurs, elles orientent nos choix.

Je suis libre, croit chacun.

Ah, tu es *vraiment* libre, toi qui regardes le monde à travers une réalité composée, parfois censurée, par des algorithmes devenus une machine infernale ? Tu es libre, toi qui poses tes yeux sur des fils d'actualité ou des propositions de divertissement structurés de manière opaque dans l'intérêt des actionnaires de multinationales ? Tu te considères comme libre alors que tu n'as plus aucune prise sur les règles qui régissent tes échanges et tes conversations ?

Non, tu n'es pas libre si, grâce à la puissance de leurs outils, des gens dont tu ignores tout peuvent, eux, savoir tout de toi, de tes « positions », au sens de ta localisation ou de tes opinions politiques, de ta position dans la société ou de tes positions financières, et même de tes positions sensuelles. Tu ne l'es certainement pas si les nouvelles lois sont dictées par des milliardaires qui ont des rêves, des ambitions, des passions, des lubies et des intérêts qui ne sont pas les tiens, et s'ils peuvent t'imposer leurs lois. Tu n'es pas libre si l'organisation de notre débat public échappe aux institutions démocratiques.

Dans l'ancien monde, il y avait un cadre juridique, adopté par des parlementaires que nous avions élus, et qui disposaient donc d'une légitimité.

Dans l'ancien monde, nul n'était censé ignorer les lois. Surtout, chacun pouvait les connaître, il suffisait de compulser un code de droit ou de demander à un spécialiste. Il y avait des législateurs, des juges, des avocats, des journalistes, chacun son rôle.

À l'inverse, la matrice occupe toutes les fonctions.

C'est la fin de la séparation des pouvoirs.

La seconde mort de Montesquieu.

« *Code is law* » : le code (informatique), c'est la loi, et cette loi est élaborée dans des laboratoires secrets, dans des « boîtes noires » à l'abri des regards, et elle est appliquée de manière opaque.

Les sociétés technologiques se substituent aux parlements, à la justice, aux organes de régulation.

Elles construisent une matrice politique qu'elles dominent.

La *matrix politica*.

Une couche invisible, une infrastructure, un ordre.

Elles organisent de plus en plus la vie de la cité, de la *polis*, comme elles l'entendent. Elles ont pris le contrôle des conversations. Nos paroles tombent dans une galaxie de labyrinthes dont elles seules ont les plans.

Cette réalité terrifiante m'est notamment apparue dans mon travail à Reporters sans frontières, une organisation non gouvernementale connue sous l'acronyme RSF. Nous défendons le journalisme, au service de choix individuels et collectifs libres. J'ai constaté avec effroi que les médias, soumis aux contraintes politiques ou juridiques, sont les jouets de logiques (technologiques et financières) plus puissantes encore, et que les individus sont les jouets de ces jouets.

Ces logiques sont les fonctions de la matrice.

Une métaphore sportive.

Nous défendons des journalistes d'investigation, des reporters qui, dans le match de l'information, sont des joueurs courageux, épatants, mais ils sont soumis à des règles du jeu édictées par des entreprises privées.

Alors je me suis intéressé à ces règles du jeu qui concernent tout le monde, pas seulement les journalistes.

Et j'ai compris que nous ne pouvions pas rester soumis plus longtemps à ce régime imposé d'en haut, du sommet du pouvoir de la technologie et des fortunes colossales des milliardaires.

Je me suis dit que nous ne pouvions pas rester les bras croisés.

Que nous devions organiser une forme de « révolution démocratique », non pas pour revenir au monde d'avant dans une logique réactionnaire ou conservatrice, mais pour mettre fin à la prise de pouvoir d'une oligarchie.

La « perte de contrôle technologique » est l'une des pires menaces qu'affronte la communauté humaine, la communauté nationale, et chacun d'entre nous.

Dans la Bay Area, région de San Francisco en Californie, dans les start-up de la surveillance en Israël, dans les laboratoires du Parti communiste chinois à Pékin, des êtres humains développent des technologies qui changent nos vies.

Pour le meilleur.

Et pour le pire.

Des Docteurs Folamour peuvent utiliser ces nouvelles armes.

Ce serait une faute de baisser les bras, de nous résigner, de nous dire que cela nous échappe et que nous n'y pouvons rien, de considérer que les technologies sont trop compliquées. Elles ne se résument pas à une affaire d'informatique, de mathématiques, d'algorithmes, de microprocesseurs.

Ce serait un crime contre l'intelligence, un crime contre la démocratie, contre nos libertés, contre l'Humanité même, de ne pas reprendre le contrôle.

Ce livre est une profession de foi.

Un appel à la mobilisation.

Le récit d'une contre-offensive.

Partie I

ÉMERGENCE DE LA *MATRIX POLITICA*

MINUIT MOINS UNE

L'horloge de la fin du monde.

Aussi appelée l'horloge de l'apocalypse.

Il y a soixante-quinze ans, des chercheurs de l'université de Chicago, dont un célèbre moustachu du nom d'Albert Einstein, ont créé cet instrument de mesure très sérieux, une échelle de représentation publiée par le *Bulletin of Atomic Scientists* pour illustrer le niveau de risque d'une destruction nucléaire de l'humanité. Ancien patron du projet Manhattan, le père de la bombe atomique américaine Robert Oppenheimer fut le premier président du *Bulletin*. Le projet n'avait rien d'une plaisanterie. Treize lauréats du prix Nobel font encore partie de son conseil scientifique.

Cette horloge fictive mesure la proximité de la fin de l'humanité, le temps qu'il reste avant la destruction finale.

Sur le cadran symbolique, minuit représente la fin du monde.

À ses débuts, en 1947, la catastrophe finale était envisagée essentiellement au regard de la prolifération nucléaire et de la guerre ultime qu'elle pouvait déclencher. Un demi-siècle plus tard, les horlogers ont ajouté les menaces de destruction liées au terrorisme, au réchauffement climatique, à l'épuisement énergétique, mais aussi aux attaques informatiques et à la perte de contrôle technologique.

À la création de l'horloge, il nous reste sept minutes à vivre.

L'horloge affiche 23 h 53.

Deux ans plus tard, en 1949, l'espérance de survie de l'humanité est réduite de quatre minutes, soit trois minutes restantes. L'Union soviétique vient de procéder à un premier test nucléaire.

Quatre ans plus tard, du fait de tests d'engins thermonucléaires, l'espérance passe à seulement deux minutes.

La prise de conscience du risque nucléaire et les accords de non-prolifération vont atténuer la pression.

En 1972, le temps restant remonte à douze minutes.

Il est 23 h 48.

L'heure affichée par l'horloge est corrélée à l'actualité. Le délai probable avant la catastrophe descend (malheureusement) à trois minutes en 1984, avec la course aux armements lancée par le président américain Ronald Reagan, et remonte (par bonheur) à dix-sept minutes en 1991 après la chute du Mur de

Berlin, la dissolution de l'URSS et la signature du traité de réduction des armes stratégiques.

J'imagine que le lecteur se demande où nous en sommes aujourd'hui.

La réponse est simple.

Selon l'horloge, jamais l'humanité ne s'est trouvée si proche de l'apocalypse qu'en 2020 et en 2021. L'horloge affiche 23 heures, 58 minutes et 20 secondes, ce qui signifie qu'il ne reste que 100 secondes avant l'apocalypse.

Les scientifiques du *Bulletin of Atomic Scientists* expliquent que « les menaces existentielles des armes nucléaires et du changement climatique se sont intensifiées ces dernières années[1] » pour une raison : « La corruption continue de l'écosystème de l'information dont dépendent la démocratie et la décision publique. »

L'écosystème de l'information, c'est l'ensemble des moyens de communication. Il repose sur une infrastructure qui est la *matrix politica*. Cette organisation, cette matrice, est « corrompue » par ceux qui ont un intérêt à masquer ou trafiquer la vérité, tous ceux dont les intérêts financiers ou politiques polluent cet écosystème. Pendant l'épidémie de Covid, cette corruption a été massive.

Aux yeux des dirigeants du *Bulletin of Atomic Scientists*, la pandémie de Covid-19 a beau être

1. John Mecklin (éd.), « This is Your COVID Wake-Up Call : It Is 100 Seconds to Midnight », *2021 Doomsday Clock Statement, Science and Security Board, Bulletin of the Atomic Scientists*, 2020.

massivement meurtrière, elle ne constitue pas une menace existentielle pour l'humanité et n'effacera pas la civilisation.

Mais elle doit être considérée comme la sonnerie d'un réveil.

Un *wake-up call*, dit-on dans les hôtels.

« Les informations fausses et trompeuses diffusées sur Internet, expliquent les scientifiques, ont créé un chaos social dans de nombreux pays et entraîné des morts inutiles. » Ils dénoncent le « mépris aveugle pour la science et l'adoption à grande échelle d'absurdités complotistes », parfois alimentées par des responsables politiques, qui ont « sapé la capacité des dirigeants nationaux et mondiaux à protéger la sécurité de leurs citoyens ». L'inimaginable est arrivé : « De fausses théories du complot sur une élection présidentielle "volée" ont conduit à des émeutes qui ont entraîné la mort de cinq personnes et la première occupation hostile du Capitole des États-Unis depuis 1814. »

Ce n'est peut-être que le début d'une spirale infernale. Les experts des plus grands risques sont très inquiets. Pour eux, « la désinformation incontrôlée sur Internet pourrait avoir des conséquences encore plus drastiques dans une crise nucléaire, conduisant peut-être à une guerre nucléaire qui mettrait fin à la civilisation mondiale ».

La diffusion de *fake news* pourrait déclencher un conflit[2].

2. *Ibid.*

À deux reprises au moins au cours de la guerre froide, le feu nucléaire a failli être déclenché, et il a fallu la sagesse de deux anonymes, deux humains, pour ne pas appuyer sur le bouton[3].

S'ils avaient été désinformés, nous ne serions peut-être plus là pour en parler.

Désormais, nous savons qu'il y a la bombe A, la bombe atomique, la bombe H, à hydrogène, à fusion thermonucléaire, et la bombe N.

La bombe numérique.

Bien entendu, chacun peut s'enfermer dans le déni, refuser de voir ce danger, vu que les médias nous infligent des motifs d'inquiétude en permanence et que l'on ne peut pas vivre décemment avec des dizaines d'épées de Damoclès au-dessus de la tête.

Mais nous ferions mieux d'avoir une réflexion approfondie, et une action efficace et prudente, pour empêcher que le souffle de cette déflagration-là n'emporte sur son passage nos démocraties et nos libertés.

Cette action a été engagée, nous allons raconter comment elle a été lancée, mais elle ne pourra pas être menée à bien sans la contribution de chacun.

Pour commencer, il faut prendre conscience de l'existence de la matrice, au-delà de la fiction ou du mythe.

3. Andrei Gratchev, *Un nouvel avant-guerre*, Alma éditeur, 2017.

LA PLACE DU VILLAGE

Le pire n'est jamais sûr, et sans doute les dirigeants du *Bulletin of Atomic Scientists* sont-ils trop pessimistes.

Aujourd'hui, nous vivons dans un village global.

Nous échangeons des idées et des informations comme jamais dans l'histoire de l'humanité, et nous avons des raisons sérieuses de rêver à l'utopie.

Nous ne sommes plus seuls.

Chaque année, il se vend 8,7 milliards d'appareils connectés, selon la société Statista.

Cela fait 5 000 à chaque minute.

En 2021, sur près de 8 milliards d'êtres humains, plus de la moitié accédait à Internet via un téléphone mobile[1]. Autant étaient inscrits sur les réseaux sociaux. En moyenne, cette année-là, nous avons consacré 6 heures et 54 minutes de notre vie quotidienne à une activité en ligne.

1. *Digital 2021*, *Global Overview Report*, « Hotsuite and We Are Social », 2021.

Le mouvement devrait s'accentuer : pour l'instant, seul un tiers des 1,3 milliard d'Indiens a accès à une connexion stable[2]. Des pans entiers de la population mondiale vont faire leur entrée dans le siècle numérique.

Notre existence, autrefois consacrée à la matière, dévolue à travailler la terre, à fabriquer des objets, à préparer la pitance, est désormais tournée vers l'échange de signes. Un réseau de câbles au fond des océans, des nuées de satellites dans l'espace, des *data centers* partout sur la planète, des terminaux sur nos tables, dans nos poches et parfois autour de nos poignets.

C'est l'heure de la communication universelle. Nous avions des conversations familiales à la table du dimanche, dorénavant nous discourons en ligne à chaque instant.

Un bouleversement anthropologique.

Un progrès ?

Oui, il y a des effets positifs.

Oui, Internet a rapproché les familles, permis l'accès aux soins, facilité les voyages, développé le partage des connaissances, stimulé la créativité artistique, démocratisé la délibération politique.

Il a simplifié la vie.

Et la revendication politique, à l'heure de la « protestation générale ».

Oui, en 2021, le monde entier a entendu parler de la championne de tennis chinoise Peng Shuai qui

2. Draft National E-Commerce Policy, 16 février 2019, p. 30.

avait disparu après avoir accusé de viol l'ancien vice-Premier ministre Zhang Gaoli.

Oui, il y a eu #MeToo, pour le meilleur, et parfois l'excès.

Oui, ceux qui dominaient le « système médiatique », qui parvenaient à orienter ou contraindre le débat public parce qu'ils maîtrisaient les canaux classiques, ont en partie perdu le contrôle.

Oui, les journalistes, qui autrefois disposaient d'un monopole de « filtrage » de la délibération publique, qui décidaient de mettre en avant tel ou tel, peuvent désormais être contournés.

Oui, les biais imposés par les propriétaires des médias, ou les présupposés et les tabous de l'« idéologie journalistique », ne peuvent plus être imposés car chacun est libre d'aller voir ailleurs.

Oui, nous avons accès aux propos bruts, aux discours en entier, à des analyses de professeurs d'université, de chercheurs ou de quidams brillants, sans que quiconque puisse interférer.

Oui, des artistes, des blogueurs, des activistes, des gens que l'on n'entendait pas alors qu'ils méritaient de l'être, ont fait irruption sur la scène.

Oui, le « quart d'heure de célébrité » s'est démocratisé.

À ces égards, l'explosion de la communication est une aubaine. Grâce à elle, nous avons la capacité d'échanger avec des êtres humains à qui nous n'aurions jamais écrit un courrier postal.

Un clic, et je te transfère l'équivalent de vingt colis de livres.

Un seul clic, et j'ouvre une bibliothèque des milliers de fois plus grande que celle d'Alexandrie, qui comportait déjà des centaines de milliers de papyrus.

Un glissement de doigt, un *scrolling*, et le monde s'ouvre.

À portée de main, nous disposons de la connaissance humaine et de l'information disponible, à l'exception de la part résiduelle qui échappe à la technologie.

Possible, dès lors, qu'Internet soit le vecteur de l'aspiration humaine au progrès, le véhicule de la solidarité et de l'altruisme, le facteur de la prise de conscience des plus grands dangers pour l'humanité, possible que le Web nous permette de conjurer le risque climatique, le risque nucléaire, le risque oligarchique.

Possible qu'Internet soit à terme le catalyseur des rêves humains, le pacificateur des conflits, le facilitateur du bonheur et de l'opulence.

Possible, mais peu probable.

Car il existe une contrepartie tragique au rêve numérique.

La disparition de l'« espace public », le socle de la démocratie pendant plus de deux siècles.

Le philosophe allemand Jürgen Habermas, qui fait partie de la seconde génération de l'École de Francfort, a développé cette notion d'espace physique ou symbolique, où les personnes privées se rassemblent pour discuter des questions d'intérêt commun en utilisant leur raison[3]. Apparue dans les clubs et salons de Londres à la fin du XVIIe siècle, puis dans leurs équivalents français et allemands au siècle suivant, la sphère publique bourgeoise aurait donné naissance à la délibération démocratique à l'échelle des nations.

La place du village à l'ère des médias de masse.

Le lieu de la discussion générale.

Après avoir fait contrepoids à l'absolutisme, la publicité des débats, dans la presse, puis à la radio et à la télévision, permettait aux sociétés démocratiques de se constituer et de décider d'orientations.

Las, en moins de vingt ans, cet espace commun a été désagrégé.

Il s'est délité.

Il n'y a plus de « place du village ».

Nous avons chacun nos chapelles, nos couloirs, nos chambres, nos coulisses, nos cachettes, nos promontoires, nos chaires, nos cellules. Nous ne venons plus sur la place, nous restons avec nos amis, dans nos groupes. Nos comptes sur les réseaux sociaux, les *chatbots* avec lesquels nous interagissons, ne font pas un espace commun.

Ce sont des espaces spécifiques.

---

3. Jürgen Habermas, *L'Espace public. Archéologie de la publicité comme dimension constitutive de la société bourgeoise*, Paris, Payot, rééd. 1988.

Un village sans place centrale est une ville-dortoir.

Nous nous croyons chez nous, mais nous sommes chez quelqu'un.

Derrière nos ordinateurs, nos applications, nos logiciels, nos robots, il y a un système.

Ce système, c'est la *matrix politica*, la matrice.

À savoir l'ensemble des lois et des règles qui régit l'espace de la communication dans lequel nous échangeons des informations, des idées et des opinions. Les « architectures de choix » m'incitent à prendre tel chemin et les panneaux indicateurs « sens interdit » me limitent. Ce système est par nature invisible, aussi peu perceptible que les plans d'un bâtiment quand nous marchons dans un couloir.

Nous nous habituons à vivre selon les dessins et les desseins des programmeurs, sans nous enfuir plus que la grenouille décrite par l'anthropologue américain Gregory Bateson.

Une grenouille dans un bain dont la température s'élève progressivement supporte la température sans en avoir conscience. À ébullition, elle n'a toujours pas réagi, et la voilà cuite. Si elle avait été ébouillantée de manière soudaine, elle aurait au contraire effectué un geste de survie.

Dans son film sur le réchauffement climatique *Une vérité qui dérange*, l'ancien vice-président américain Al Gore évoquait le syndrome de la grenouille pour illustrer l'absence de réaction de l'humanité.

Nous pourrions dire la même chose de notre réaction individuelle et collective face à la mise en place de la matrice.

Nous manquons du réflexe de sursaut qui sauve. Mais tant que les démocraties sont vivantes, il n'est pas trop tard.

LA BARBE DE JACK

Ce matin-là, nous accueillons dans le quartier historique de la presse française l'un des architectes de la nouvelle matrice, Jack Dorsey, fondateur et, à l'époque, patron de Twitter.

Les bureaux de RSF se situent dans le IIe arrondissement de Paris, à deux rues de l'immeuble où Émile Zola apporta son texte *J'accuse* à Georges Clemenceau, alors collaborateur de *L'Aurore*, et à quelques dizaines de mètres du *Café du Croissant* où l'étudiant nationaliste Raoul Villain assassina le directeur de *L'Humanité*, Jean Jaurès, le 31 juillet 1914. Après la fin de la Seconde Guerre mondiale, la presse de la Libération, notamment *Combat*, le journal d'Albert Camus, s'est installée à proximité.

Un monde disparu. Celui de la « presse Gutenberg ».

Nous sommes désormais à l'ère du numérique, du *digital*, de la *tech*, et l'homme que nous recevons est l'une de ses incarnations.

Une star de la technologie.

Avec un air de gendre idéal.

Originaire du Missouri, Dorsey a commencé à produire des logiciels *open source* au lycée. Depuis, il s'est rempli les poches. L'année précédant sa visite, le magazine *Forbes* l'a classé à la 307e place des personnes les plus riches de la planète, avec une fortune de plus de 2 milliards de dollars.

Âgé de trente-neuf ans, Dorsey est habillé d'une chemise sombre et d'un anorak en cuir. Il parle avec douceur, et parfois un brin de gêne qui confine à la timidité.

Comme si sa réussite l'avait dépassé.

C'est le 21 mars 2006 qu'il a lancé le premier message sur son réseau social. Trois ans après, le mouvement post-électoral de 2009 en Iran a été marqué par l'usage que les manifestants (ou plutôt leurs soutiens en Occident) ont fait des réseaux sociaux. L'influent rédacteur en chef de *The New Republic*, Andrew Sullivan, s'était enflammé : « La révolution se fera sur Twitter. »

Une nouvelle mythologie était née.

Le panthéon de l'engagement accueillait la figure de l'activiste digital. Entre 2010 et 2012, les printemps arabes furent qualifiés de « révolutions Twitter », « révolutions Facebook » ou « révolutions 2.0 ».

La révolution, la vraie, a-t-elle lieu en ligne ?

Les Che Guevara de ce début de XXIe siècle sont-ils vraiment des *twittos* ?

Les élites progressistes ont pris leurs rêves pour la réalité, ce qui dans la matrice n'est pas très surprenant. À la veille de l'élection présidentielle iranienne de 2009 et du mouvement de contestation qui s'est ensuivi, moins de 20 000 comptes Twitter (0,027 % de la population) étaient actifs dans le pays, comme l'a relevé l'essayiste Evgeny Morozov dans *The Net Delusion*[1].

La « révolution Twitter » en Iran, une illusion d'optique depuis Londres, Washington ou Paris.

En 2010, Twitter comptait 30 millions d'utilisateurs mensuels. En 2015, la barre des 300 millions était franchie. Une multiplication par dix, avant une baisse tendancielle.

Pendant sa visite d'une heure et demie, le patron de Twitter va faire preuve d'une curiosité évidente, et d'une forme d'introspection où pointe peut-être déjà la culpabilité. La rencontre entre deux mondes. Le monde de la démocratie à l'ancienne, fondée sur le journalisme et les droits de l'homme, et un monde postdémocratique où les cadors de la technologie mettent leurs fortunes acquises en une fraction de siècle au service de leurs rêves transhumanistes ou spatiaux.

Jack Dorsey s'amuse de nos affiches de campagne contre les despotes. Il s'attarde dans un couloir sur notre *Wall of Fame*, notre galerie de portraits de héros, lauréats du prix RSF pour la liberté de la presse. Face aux figures héroïques, le jeune milliardaire semble saisi d'un doute. Il se pose des questions

---

1. Evgeny Morozov, *The Net Delusion : The Dark Side of Internet Freedom*, PublicAffairs, 2011.

sur la machine qu'il a créée, qui est en train de devenir infernale.

À l'époque, le fondateur de Twitter a les cheveux courts et la barbe discrète.

Elle va s'allonger au fil des années.

Fin 2017, Dorsey fait sa première retraite *vipassanā*, une méthode de méditation et d'autopurification. Pas une retraite dorée. Drastique, au contraire. Pendant une dizaine de jours, il mène une vie spartiate : silence, repas maigres et rares, abstinence. De quoi favoriser la réflexion sur les effets pervers de sa plateforme.

La barbe, plus pointue, cinq centimètres sous le menton à vue d'œil, est-elle corrélée aux externalités négatives ?

Au fur et à mesure, tandis que la fortune du fondateur de Twitter enfle pour doubler en 2018, atteignant 4,2 milliards de dollars, ses cheveux deviennent plus broussailleux et les poils sous son menton s'allongent jusqu'à devenir une longue touffe poivre et sel à l'abandon. On croirait une barbe de naufragé sur une île déserte. Son regard est de plus en plus inquiet, ses traits semblent de plus en plus tirés, comme si Dorsey avait conscience d'avoir mis au point un engin destructeur.

Les accusations fusent.

Twitter suscite une très grande inquiétude dans les institutions démocratiques.

La diffamation, les insultes et la haine y prospèrent. Des inconnus peuvent vous menacer de vous casser la figure, prétendre à tort que vous avez de faux diplômes, ou alléguer que l'organisation pour laquelle vous travaillez est financée par la CIA, comme cela est arrivé à RSF.

La plateforme est perméable aux opérations de déstabilisation, amplifiées via des robots. En mai 2019, Twitter se retrouvait dans la situation de devoir supprimer 166 000 comptes ayant fait la promotion du terrorisme. Quelques mois plus tard, 6 000 comptes liés à l'Arabie saoudite étaient fermés. Entre juillet 2020 et janvier 2021, la plateforme en supprimait 7 000 autres, en suspendait 70 000 et en limitait 150 000 parce qu'ils étaient liés à la mouvance conspirationniste QAnon.

Les algorithmes ne sont pas neutres. Une étude effectuée par l'entreprise elle-même a mis en évidence que l'algorithme de recommandation favorise, malgré lui, les discours de droite, qu'il s'agisse de comptes d'hommes politiques ou de médias. Dans six des sept pays étudiés (France, Allemagne, Canada, Espagne, États-Unis, Japon et Royaume-Uni), un utilisateur a plus de chances d'être exposé à des contenus orientés à droite qu'à gauche. Seule l'Allemagne fait exception.

Pour les membres du Parti républicain, néanmoins, la plateforme serait biaisée en faveur des démocrates. Une théorie confortée par le soutien en espèces sonnantes et trébuchantes que Jack a apporté aux campagnes du Parti démocrate.

En 2020, lors d'une audition par le Congrès américain, le sénateur républicain Ted Cruz lui lance, excédé, cette interrogation qui résume l'enjeu : « Bon Dieu, qui vous a élu ? »

La réponse du fondateur de Twitter, le regard dans le vague, donne une impression de lassitude : « J'entends vos préoccupations, nous allons y répondre par plus de transparence. »

Dans la Silicon Valley, Jack fait figure d'exception. Il semble avoir conscience des conséquences du fonctionnement de la plateforme, et cela doit être porté à son crédit. Il sera l'un des rares leaders de la Silicon Valley à s'ouvrir de ses états d'âme (en 280 caractères). Après la suspension du compte de Donald Trump en janvier 2021, le jour où le Capitole est envahi par des manifestants, il écrit :

« Je ne célèbre pas ou ne suis pas fier d'avoir dû interdire @realDonaldTrump de Twitter, ni de comment nous en sommes arrivés là (…) Nous avons pris une décision avec les meilleures informations disponibles sur la base des menaces pour la sécurité physique à la fois sur et en dehors de Twitter. »

Modeste et interrogatif : « Était-ce correct ? »

Cette question du patron de Twitter sur la pertinence de ses propres décisions sonne à la fois comme un aveu d'impuissance et une déclaration de surpuissance.

Impuissance à endiguer la haine et les fausses informations.

Surpuissance d'entreprises qui prennent des décisions de censure, qui décident de ce que l'on voit ou pas.

Des entreprises qui bénéficient des droits de l'homme (la liberté d'expression), mais ont dans la main le pouvoir des gouvernements et des parlements (la capacité de fixer les règles élémentaires du débat public).

Dans le roman de l'écrivaine Mary Shelley, *Frankenstein ou le Prométhée moderne*, publié en 1818, le docteur Victor Frankenstein crée un monstre hideux avec des organes et des membres de cadavres. La créature inspire un tel dégoût au médecin qu'il prend la fuite, mais le démon qui a pris vie sème la terreur autour de lui. Le géniteur sera accablé par la culpabilité d'avoir engendré un tel danger pour l'humanité et par son impuissance à l'arrêter.

Dorsey a-t-il lui-même regretté d'avoir créé une machine infernale ? En tout cas, il a fini par arborer une barbe digne du groupe ZZ Top, une barbe de sorcier semblable à un postiche.

En novembre 2021, quelques jours après son 45e anniversaire, alors que sa barbe battait des records de longueur, Jack était poussé à la démission.

Les actionnaires ne lui ont évidemment pas reproché de ne pas s'être assez soucié de la démocratie, mais de n'avoir pas su rentabiliser leur investissement.

Banalité du mal capitaliste.

Que va devenir sa créature après son départ ?

7 JANVIER 2015

Les effets délétères de la mondialisation de la matrice, dans un contexte de poussée obscurantiste, nous ont sauté à la figure un mercredi matin de janvier 2015. La preuve nous a été administrée que nous ne risquions pas seulement de perdre le contrôle.

Nous pouvions perdre la vie, et certaines de nos libertés.

Aux aurores, j'avais rendez-vous à l'Agence France-Presse (AFP), à deux pas du siège de RSF, pour une réunion de travail sur un ouvrage consacré aux « héros » que nous nous apprêtions à publier. En couverture figurerait un cliché de Nelson Mandela levant le poing face à 100 000 personnes au Soccer City Stadium de Soweto, le 13 février 1990, deux jours après sa libération de résidence surveillée. J'avais prévu de déjeuner avec Plantu, qui depuis trente ans publiait chaque jour un dessin humoristique en une du *Monde*. Plantu, qui a fondé l'association Cartooning for Peace avec Kofi Annan.

La journée serait le contraire de paisible.

7 JANVIER 2015

Peu après 11 h 30, j'ai reçu un message sur mon téléphone annonçant qu'une fusillade avait eu lieu dans les locaux de *Charlie Hebdo.* À ce qui paraissait, Charb était mort, mais on n'était sûr de rien. Vingt ans plus tôt, j'avais fait un bref stage dans cette rédaction. Je me souviens de leurs parties de rigolade, de leurs algarades autour de la table. J'ai interrompu ma réunion et arraché mon manteau, et couru sans réfléchir jusqu'à la première station de métro.

Deux, trois, quatre, cinq stations.

L'angoisse.

Pour franchir le barrage de police, j'ai pris le bras d'un adjoint de la maire de Paris, Anne Hidalgo. À notre arrivée, un homme tombait dans les bras de François Hollande, le président de la République. L'homme hurlait, en pleurs. C'était Patrick Pelloux, le médecin urgentiste, qui venait de découvrir ses camarades flingués les uns après les autres. Je ne l'ai pas reconnu, tant son visage était déformé par la douleur. La police scientifique n'avait pas encore passé la chaussée au peigne fin, les balles traînaient par terre, les blessés partaient au centre de soins. J'ai vu des amis hagards passer devant moi, emmenés en cellule psychologique.

Douze personnes avaient trouvé la mort dans l'attentat, dont huit collaborateurs de *Charlie.* « Le vieux monde se meurt, le nouveau monde tarde à apparaître, et dans ce clair-obscur surgissent les monstres », avait écrit le philosophe italien Antonio Gramsci. Les démons avaient débarqué en voiture pour assassiner des représentants de l'ancien monde, dont Charb, Cabu, Wolinski, Honoré, Tignous et l'économiste Bernard Maris.

Nous avons lancé un appel public pour une réunion commémorative, le soir, sur la place de la République, au pied de cette statue de près de dix mètres représentant une allégorie de la République, en bonnet phrygien, sur un socle de quinze mètres.

Il y avait là des milliers de personnes, ébranlées.

Des millions de Français, animés par l'« esprit Charlie », défileraient dans les rues de Paris quelques jours plus tard.

Jamais sans doute une telle manifestation n'a été organisée contre le terrorisme, ni pour la liberté de la presse. Le monde entier avait débarqué pour protester. En tête de cortège, on aurait cru un sommet de chefs d'État et de gouvernement. Au total, plus de cinquante d'entre eux ont battu le pavé parisien. Au premier rang, Hollande donnait le bras à la chancelière d'Allemagne Angela Merkel. À l'Élysée, les yeux fermés, elle posa le front sur l'épaule de son homologue. Le Premier ministre d'Israël et le président de l'Autorité palestinienne étaient alignés en tête de cortège. La Russie avait envoyé le chef de sa diplomatie, Sergeï Lavrov. Les États-Unis, eux, s'étaient montrés discrets. Barack Obama n'avait pas fait le déplacement. Sur CNN, l'éditorialiste Fareed Zakaria s'était offusqué : « Pourquoi aucun leader des États-Unis au rassemblement de Paris ? N'est-ce pas pour cela que Dieu a inventé les vice-présidents ? »

En tout cas, vu l'affluence au plus haut niveau, c'était une forme de mondialisation de la manifestation, en réponse à une mondialisation de l'intimidation.

Nous venions d'avoir la confirmation que nous vivions dans un clair-obscur où des fous furieux qui ne goûtent pas votre humour peuvent déclencher les foudres contre vous, même s'ils vivent à des milliers de kilomètres du kiosque le plus proche où l'on vend vos dessins. Un monde où, comme dans la théorie du chaos, un battement d'ailes de papillon aux antipodes peut provoquer un tsunami chez vous, un monde où une campagne de désinformation venue de loin peut bouleverser un pays démocratique.

De ce point de vue, la mondialisation a réduit nos libertés.

Autrefois, lorsque nous lisions *Charlie Hebdo* et rigolions sous cape ou à gorge déployée de dessins parfois de mauvais goût, sur des sujets religieux ou non, nous étions entre nous. Bien entendu, des dessins pouvaient heurter, mais personne n'était obligé d'acheter le journal, et la liberté de chacun s'imposait.

Comme l'avait annoncé la Cour européenne des droits de l'homme dans son arrêt « Handyside », en 1976, la liberté d'expression « vaut non seulement pour les informations ou les idées accueillies avec faveur, ou considérées comme inoffensives ou indifférentes, mais aussi pour celles qui heurtent, choquent ou inquiètent l'État ou une fraction quelconque de la population ».

« Ainsi le veulent le pluralisme, la tolérance et l'esprit d'ouverture sans lesquels il n'y a pas de société démocratique », avaient écrit les juges de Strasbourg.

Que valent les protections juridiques quand la sanction peut tomber d'un coup de Kalachnikov ? Quand un professeur, Samuel Paty, est décapité pour avoir montré des caricatures à ses élèves, après que des appels à la vengeance ont été diffusés sur les réseaux sociaux ? Quand un discours d'Emmanuel Macron sur le droit au blasphème entraîne des manifestations meurtrières au Pakistan ?

Avant, la matrice politique était nationale. Mais la mondialisation de l'information, du fait des nouvelles technologies, change radicalement la donne. Il n'y a plus de frontières, ce qui pourrait être une excellente nouvelle si la menace ne pouvait pas se téléporter en un clic.

RÉSOLUTION 2222

Quatre mois après l'attentat contre *Charlie Hebdo*, à New York, le Conseil de sécurité des Nations unies se réunissait pour une séance solennelle en vue de l'adoption d'une résolution sur la protection des journalistes.

J'ai fait de mon mieux, ce jour-là, pour mettre en garde les États sur les phénomènes produits par la nouvelle *matrix politica*.

Je n'en menais pas large, à cette table circulaire, dans la salle où s'étaient déroulés tant d'épisodes de la guerre froide. C'est ici que le ministre des Affaires étrangères Dominique de Villepin avait prononcé son fameux discours contre l'intervention militaire américaine en Irak.

La veuve du journaliste du *Wall Street Journal* Daniel Pearl, égorgé et décapité par des membres d'Al Qaïda au Pakistan treize ans plus tôt, a évoqué d'abord la mémoire de son mari. Puis j'ai commencé ma propre intervention en citant un père de famille de trente-six ans, caméraman, enlevé à l'est de Tikrit, également décapité quelques mois plus tôt.

« Cet odieux assassinat a fait couler moins d'encre que d'autres, mais à chaque fois que le sang coule, qu'il s'agisse de celui de James Foley, de celui de Kenji Gotō ou d'un autre journaliste, c'est la même horreur. »

Tout cela est sinistre, mais c'est notre quotidien. J'ai fait valoir que 700 journalistes avaient été tués en dix ans, et souligné les avancées du texte que les États s'apprêtaient à voter. J'ai évoqué la mondialisation des menaces et évidemment cité la tragédie de *Charlie Hebdo*, revendiquée à des milliers de kilomètres, au Yémen.

« Il est historique que le Conseil de sécurité fasse pour la première fois le lien entre le droit à la liberté d'expression et la nécessité de protéger les journalistes. »

Un lien sans doute évident pour n'importe quel homme normalement constitué, mais que les États de l'ONU s'étaient refusés à faire jusque-là.

« Il ne s'agit pas de protéger une corporation. Il s'agit de défendre un droit pour tous, la liberté de la presse. »

Défendre la liberté de la presse, c'était ce pour quoi RSF avait été créé trente ans plus tôt par quatre journalistes de Radio France.

Ce jour-là fut une journée particulière, où j'ai considéré que notre organisation ne pouvait plus restreindre son combat à la lutte contre les violations des droits des journalistes. Le jour où nous nous sommes lancés dans une lutte globale, pour défendre le droit à l'information face aux dictateurs, mais aussi face aux « tyrannies privées », aux puissances d'argent, face aux plateformes numériques et aux officines de désinformation.

RSF passait à une autre histoire.

En plus de lutter contre l'enfermement des journalistes dans des « prisons visibles », nous allions tenter de libérer des « prisons invisibles » tous ceux qui y sont enfermés.

« La technologie ouvre des espaces de liberté, ai-je lancé devant les membres du Conseil de sécurité, mais la manipulation s'y engouffre aussi bien que la probité. »

Cela peut sembler évident, mais c'était contraire à une doctrine en vigueur, celle du *free flow of information*, le « libre flux de l'information ». La doctrine, c'était qu'il suffisait de laisser les contenus circuler librement pour que chacun puisse se forger librement une opinion. À l'inverse, je défendais l'idée que la liberté d'expression partout ne suffisait pas, que le flux pouvait charrier des contenus manipulatoires, que de l'anarchie il sort rarement de purs bienfaits.

« Nous entrons malheureusement dans une nouvelle ère de la propagande où des moyens inédits de contrôle de l'information, donc d'emprise sur les consciences, sont mis en place. Nous entrons dans une période de guerres de l'information. »

Des États étaient en effet en train de s'armer médiatiquement. En Russie, la guerre médiatique avait été théorisée. Dans des organisations terroristes aussi.

« Grâce aux nouvelles technologies, les groupes terroristes comme tous les ennemis des vérités factuelles peuvent diffuser directement leurs contenus partout dans le monde. Tout passe. Le film de propagande barbare déguisé en reportage. La réalité tronquée habillée en décryptage de la vérité vraie. »

Désormais, les informations ne passent plus par le filtre des journalistes. N'importe quel pouvoir peut diffuser sa propagande sur Internet sans rencontrer le moindre obstacle : États, entreprises, groupes religieux, acteurs politiques ou sociaux, individus. Même l'État islamique prétendait avoir un journaliste.

Il tendait son micro aux otages avant les décapitations.

Cette « désintermédiation » change complètement la donne.

Devant les représentants des quinze États membres du Conseil de sécurité, j'ai fait valoir que « l'humanité et les sociétés ont besoin de tiers de confiance qui permettent d'effectuer des choix collectifs et individuels fondés sur « la libre poursuite de la vérité objective ».

J'expliquai que la vérité avec un grand V n'existe pas, bien entendu, que la recherche de la vérité pouvait avoir des formes et des résultats différents et même contradictoires, « car nul n'est détenteur de la vérité ».

« Mais il existe une recherche des faits qui n'est pas menée sous la dictée, qui n'est pas sponsorisée par l'intérêt, qui échappe le plus possible aux prismes culturels, et c'est cela, le journalisme. »

Selon l'économiste Amartya Sen, le développement est « un processus d'expansion des libertés individuelles substantielles ». Le journalisme de qualité permet de développer les « capacités » d'un individu, sa maîtrise du système de santé, du système d'éducation, du débat public, pour résumer, de maîtriser sa vie. Dès lors que le développement ne vise pas seulement à élever le niveau de richesse, mais à renforcer les possibilités sociales, économiques et politiques, la liberté de l'information en est une condition *sine qua non*.

« Cette fonction qu'est le journalisme consiste à représenter le monde tel qu'il est, un alliage d'aspirations communes et d'intérêts divergents. »

Le journalisme, c'est le contraire d'un défilé militaire, où tout le monde regarde dans le même sens.

Il était temps de conclure :

« Mesdames et messieurs les représentants des États, il vous appartiendra pour le futur de favoriser à la fois l'équilibre du monde, celui des nations et celui des individus. »

En défendant la fiabilité de l'information.

À la suite de mon intervention, une soixantaine de délégations avaient pris la parole. Les délégations de la France et de l'Espagne avaient réclamé que les attaques contre les journalistes dans les zones de conflit soient considérées comme des crimes de guerre. Pour arguer d'un « deux poids, deux mesures » occidental, le représentant de la Russie avait relaté des épisodes historiques peu glorieux pour les États-Unis, comme le bombardement américain de la radio-télévision d'État serbe à Belgrade en 1999, qui avait fait seize morts parmi les collaborateurs de cette chaîne de propagande.

Bref, j'assistais au jeu des puissances s'accusant de duplicité, et lavant leur linge sale en famille.

À l'unanimité, Chine et Russie comprises, les quinze délégations votèrent en faveur de la résolution 2222 qui fait obligation aux États membres de l'ONU de protéger les journalistes et de mettre fin à l'impunité en prenant des mesures pour que les auteurs de crimes commis contre des journalistes aient à rendre des comptes.

Le problème, avec les résolutions de l'ONU, c'est qu'elles restent trop souvent des « bonnes résolutions ».

Tellement bonnes que l'on s'empresse de les oublier.

NOS PRISONS INVISIBLES

« Il y a les prisons visibles et les prisons invisibles. »

Celui qui a prononcé cette phrase, lors d'un dîner à Pékin, est un homme qui sait de quoi il parle. Lauréat du prix Sakharov pour la liberté de l'esprit du Parlement européen et du prix RSF pour la liberté de la presse, Hu Jia est l'un des militants des droits de l'homme chinois les plus célèbres.

Il a passé une bonne partie de sa vie en résidence surveillée.

Les prisons visibles, les opposants en font l'expérience dans les dictatures. Mais il y a aussi, comme le dit Hu Jia, les « prisons invisibles ». Elles n'ont pas de barreaux aux fenêtres. Les murs sont édifiés par la circulation d'électrons. On les trouve dans les dictatures et, d'une autre manière, dans les démocraties.

On n'y torture personne.

Mais on y tire les fils de marionnettes.

Des fils invisibles.

Ce sont des « architectures de choix », des séquences de code informatique qui orientent votre regard sans que vous le sachiez. Une infrastructure qui conditionne notre regard sur le monde et finit par le changer sans que nous y prenions garde. Ce n'est pas un hasard si, dans *Matrix*, celui qui a produit la matrice est dénommé L'Architecte.

Vous êtes entouré de capteurs indécelables, bien plus insidieux que les caméras qui surveillent les carrefours, qui détectent vos comportements et vos pensées.

Votre vie privée, intime même, est scrutée pour être revendue au détail. En cliquant sur « accepter » les politiques de traitement de données qui vous sont proposées, en installant telle ou telle application sur votre téléphone ou en naviguant sur tel ou tel site, vous donnez votre accord pour que des données soient collectées. Cela peut être vos noms et prénoms, votre date de naissance, votre géolocalisation, des abonnements, des commandes ou des achats, l'heure ou la fréquence à laquelle vous vous connectez, ce que vous *likez* sur les réseaux sociaux, etc.

Ces « points de données » (ces variables, comme on dirait en mathématiques) en disent long sur vous, surtout si elles sont mises bout à bout.

Vos « traces » numériques ont une valeur parce qu'elles sont uniques. Rien que par la configuration de leur ordinateur et les versions des appareils, des systèmes d'exploitation et des logiciels utilisés, 84 % des internautes auraient des « empreintes » de navigation uniques sur les moteurs de recherche[1].

1. « Web Browsers Leave 'Fingerprints' Behind as You Surf the Net », Electronic Frontier Foundation, 2010.

A contrario, avec quinze points de données, il est possible de réidentifier 99,98 % des Américains[2].

L'analyse de vos données à la lueur de l'ensemble des données connectées sur une population (la *big data*) permet d'établir des corrélations statistiques. Si vous avez tel centre d'intérêt, vous êtes plus susceptible d'acheter tel produit. Cela peut donner des raccourcis vertigineux : les « J'aime » sur Facebook permettraient de déduire l'orientation sexuelle avec une précision de 88 %[3].

La chaîne de supermarchés Target a calculé et attribué à chaque client un score de « prédiction de grossesse », permettant de déterminer qu'une adolescente du Minnesota était enceinte avant qu'elle ait décidé de le dire à sa famille[4] !

Les sommes en jeu sont colossales. En proposant de la publicité ciblée avec une précision jamais atteinte par le secteur, les plateformes vendent la connaissance qu'elles ont de vous aux entreprises qui veulent vous atteindre.

La course à la donnée est une ruée vers l'or. Les détenteurs de vos données, capables de les croiser,

---

2. Luc Rocher, Julien M. Hendrickx et Yves-Alexandre de Montjoye, « Estimating the Success of Re-Identifications in Incomplete Datasets Using Generative Models », *Nature Communications* 10, n° 1, 23 juillet 2019.

3. Wolfie Christl, « Corporate Surveillance in Everyday Life – How Companies Collect, Combine, Analyze, Trade, and Use Personal Data on Billions », Cracked Labs, juin 2017.

4. Kashmir Hill, « How Target Figured Out A Teen Girl Was Pregnant Before Her Father Did », *Forbes*, 16 février 2012.

de les accumuler, sont l'équivalent des *robber barons* du XIXe siècle, ces « barons voleurs » aux fortunes tirées du capitalisme sauvage.

Mais ce n'est pas la main-d'œuvre qui est exploitée, c'est vous.

Vous êtes le produit.

Une société de courtage en données indépendante, Acxiom, devenue LiveRamp, affirmait avoir accumulé en 2018 jusqu'à 10 000 attributs sur 2,5 milliards de personnes, soit une « représentation complète de 68 % de la population mondiale en ligne[5] »... Si vous habitez en Chine, votre vie est scrutée par les BATX : Baidu, Alibaba, Tencent et Xiaomi. Si vous vivez dans le reste du monde, il y a de bonnes chances qu'elle dépende des Gafam : Google, Apple, Facebook, Amazon et Microsoft.

Les premiers sont soumis à la férule du Parti communiste chinois, les seconds à la logique du *business* et à l'idéologie de leurs dirigeants.

Nous avons à la fois le Big Brother décrit par George Orwell dans *1984*, cette figure omnisciente, et le conformisme des masses, prédit par Aldous Huxley dans le *Retour au meilleur des mondes*[6].

Nous devons d'urgence trouver des solutions pour que la matrice du XXIe siècle ne constitue pas une prison invisible.

---

5. Alex Pasternack, « Here Are the Data Brokers Quietly Buying and Selling Your Personal Information », Fast Company, 2 mars 2019.
6. Aldous Huxley, *Retour au meilleur des mondes*, Plon, 1959.

LES SABLES D'ARABIE

Le caractère à la fois fascinant et inquiétant des prisons invisibles m'est apparu lors d'une mission périlleuse au Moyen-Orient.

J'ai vu l'envers du décor de la matrice.

Dans le royaume d'Arabie saoudite, créé en 1932 par Ibn Séoud, qui abrite les deux lieux saints les plus importants de l'Islam, les esprits libres croupissent dans des geôles infâmes, des exécutions sont organisées en place publique, la main droite des (supposés) voleurs est arrachée en guise de punition.

La peine de mort est en vigueur, même par crucifixion.

Au sens propre.

Dans ce pays qui figure à la 170e place sur 180 pays au classement mondial de la liberté de la presse publié par RSF, le blogueur Raif Badawi a été condamné en mai 2014 à dix ans de prison, mille coups de fouet et l'équivalent de 200 000 euros d'amende pour avoir créé un site qui autorisait les débats. Une trentaine de journalistes sont en détention arbitraire au moment où ce livre est imprimé. En 2018, le fils préféré du roi, le prince héritier Mohammed Bin Salman, alias MBS, a accru sa réputation de tyran quand ses hommes de main ont assassiné le journaliste Jamal Khashoggi au consulat d'Arabie saoudite à Istanbul. L'équipe débarquée par avion spécial avait découpé son corps à la scie avant de repartir pour Riyad.

Après l'assassinat, j'ai sollicité un entretien avec l'ambassadeur d'Arabie saoudite en France et me suis retrouvé dans son bureau trois semaines plus tard. Une tasse de thé à la main, j'ai proféré une menace à peine voilée d'action agressive sur l'ambassade. Mon argument ? Les militants de RSF me demandaient tous les matins l'autorisation de jeter de l'encre rouge, couleur sang, sur les murs de l'ambassade, afin de jeter l'opprobre sur le royaume. Tel un parrain, j'avais expliqué préférer ne pas tacher mes vêtements, et être disposé à contenir les troupes à la condition que nous engagions des discussions sur la libération des journalistes. Nous demandions une enquête internationale sur l'assassinat de Khashoggi, mais comme nous n'allions pas ressusciter le défunt, autant profiter de la faiblesse relative dans laquelle se trouvait le royaume pour tenter d'obtenir des résultats.

Au bout de plusieurs mois de négociations préalables tendues, j'ai obtenu un visa pour me rendre à Riyad, en compagnie des directeurs de nos bureaux de Londres, Berlin et Stockholm. Une visite organisée dans le plus grand secret, avec un agenda fourni. Nous avions rendez-vous avec les ministres des Affaires étrangères, des Médias, de la Justice, avec le procureur général et d'autres officiels. Pour ne pas servir la propagande du régime, nous avons réclamé la discrétion. Les Saoudiens ont respecté les règles du jeu.

Au cours de la mission, nous marchons sur un immense parking en banlieue de Riyad entre l'ambassade des États-Unis et le siège du bureau des Nations unies quand je reçois un appel du ministre des Médias. Il propose de passer me chercher à mon hôtel à 21 heures, pour nous emmener voir un personnage de haut rang qui a une connaissance particulière des dossiers.

Qui ?

« Vous verrez. »

Des questions surgissent. Serait-ce le prince héritier ? Ou sommes-nous l'objet d'un traquenard ? La délégation est soudain un peu plus nerveuse. À Paris, l'équipe s'inquiète.

« Nous n'avons aucune information sur le lieu où vous allez. »

La voiture passe devant le ministère de l'Intérieur, et derrière apparaît un bâtiment incomparablement plus imposant. Nous voilà au siège des services de renseignements intérieurs. Nous nous retrouvons face au président de la Sécurité d'État, qui me demande tout de go de passer un message à Emmanuel Macron. Le 8 mars précédent, le chef de l'État s'était exprimé en faveur d'une activiste des droits des femmes, Loujain al-Hathloul, alors en détention.

« Dites à Macron qu'il a eu tort de défendre Loujain. À cause de lui, elle va passer plus de temps en prison. »

Cet homme d'apparence affable tente à son tour un chantage, plus violent que le mien. Mais c'est ainsi que les choses se passent désormais, j'ai eu l'occasion de le constater sous d'autres cieux. L'idée selon laquelle il suffirait que les gouvernants des pays démocratiques ou les ONG dénoncent haut et fort les violations des droits dans les régimes despotiques pour obtenir des résultats est caduque.

Parfois, la communication est même contre-productive.

L'homme qui, de son propre aveu, détient les clés de toutes les prisons du royaume, s'offusque que nous puissions nous intéresser à trente personnes en détention.

« Que valent 30 personnes par rapport à 30 millions ? »

Le patron de la Sécurité d'État nous dit qu'il peut tout savoir sur les Saoudiens. Le régime détient aussi les clés des prisons invisibles.

Nous allons effectuer une visite stupéfiante.

À un quart d'heure en voiture du quartier diplomatique, nous franchissons un barrage militaire et entrons dans une enceinte ultrasensible. Je discerne une coupole colorée semblable au dôme d'une mosquée, sans minaret.

Ici, c'est le quartier général des prisons invisibles d'Arabie saoudite, le panoptique de MBS.

Etidal. Le Global Center for Combating Extremist Ideology.

Nous nous retrouvons dans une immense salle sortie d'un film de science-fiction. Cinq écrans gigantesques autour de nous, pour une présentation chiffrée de ce centre de surveillance du Web.

On nous vante le mode opératoire : la veille des contenus qui circulent sur Internet, dans de multiples langues et dialectes ; l'analyse, avec des rapports et des diagnostics ; et l'engagement, avec la production de « contre-discours », ainsi que « le sabotage des activités numériques extrémistes et la disruption de leurs capacités ».

En tout cas, c'est la version officielle. Les objectifs sont bels et bons aussi, si l'on en croit les dirigeants d'Etidal qui, faut-il le rappeler, travaillent sous les ordres de l'un des régimes les plus archaïques de la planète, ce qui permet tout de même de douter de la pureté des intentions : « Renforcer la confiance des peuples et des gouvernements pour se confronter aux ennemis de l'humanité, en luttant contre l'idéologie extrémiste, en diffusant les principes de tolérance et de modération, et en promouvant des opportunités pour la paix dans le monde. »

Beau comme l'Antique.

Nous passons dans la salle de contrôle, que le président américain Donald Trump a visitée quelques mois plus tôt. Aux murs, des dizaines et des dizaines d'écrans avec un défilé de statistiques, d'images angoissantes de Daesh, de visages. Des centaines de postes de travail sont alignés, comme pour une armée de contrôleurs. Les travailleurs en tenue traditionnelle, le nez dans les ordinateurs, ne lèvent pas la tête. Ils sont en train de fouiller le Web pour le compte du régime.

Ils seraient en mesure de repérer, de classifier et d'analyser les contenus extrémistes six secondes avant leur publication, « avec une pertinence supérieure à 80 % ». Les outils d'analyse de la big data, des données de masse, seraient articulés avec « une expertise géopolitique, sociale et historique ».

Une vision dystopique dans un pays où les islamistes radicaux représentent un danger évident mais où les démocrates sont eux aussi considérés comme extrémistes.

Un centre comme Etidal sert sans doute à empêcher des terroristes de diffuser leur propagande, mais à l'évidence, le dispositif peut être mis à profit pour contrôler les esprits en général.

Cette visite au royaume d'Arabie saoudite sera décevante. Le ministre de l'Information aura beau nous proposer un deal, nous obtiendrons trop peu de libérations. Quelques mois plus tard, nous déposerons plainte contre Mohammed Bin Salman et quatre hauts officiels saoudiens pour crime contre l'humanité en Allemagne, sur le fondement de la compétence universelle.

Nous sommes venus parler des prisons, avec des barreaux et parfois des tortures, nous avons vu également les coulisses des prisons invisibles. Le problème avec le Web, c'est que vous pouvez avoir l'impression d'une liberté totale à vous promener sur la toile, à produire vos contenus, mais qu'en réalité cette toile est tissée de fils que des pouvoirs peuvent tirer dans des coulisses dont vous ignorez l'existence.

Un espace où vous ignorez si celui qui vous parle est à côté de chez vous ou dans un bâtiment du désert de la péninsule arabique, en banlieue de Moscou, dans la périphérie de Pékin ou dans un laboratoire de San Francisco.

CHÈRE MARGARITA

Dans les environs de Saint-Pétersbourg, l'Internet Research Agency (IRA) est la version russe et offensive d'Etidal, l'une des entités combattantes de la *matrix politica*.

Dans la « ferme à trolls », des centaines de collaborateurs produisent des contenus pour pourrir le débat public dans les démocraties occidentales par des interventions sur des forums de discussion, des réseaux sociaux ou dans les commentaires sur les sites Internet. Cachés derrière des pseudonymes, ces agents de propagande vantent les mérites de Vladimir Poutine ou saluent les réussites du président Bachar el-Assad malgré les centaines de milliers de morts de la guerre en Syrie. C'est de cette agence qu'ont été lancées en 2016 des offensives afin d'altérer l'élection du président des États-Unis et la décision des Britanniques sur l'Union européenne.

Par le biais de faux comptes et de *bots* (une abréviation du terme « robots » qui désigne des logiciels pouvant imiter les humains malgré leur automaticité), l'IRA a pu atteindre 150 millions de personnes via Facebook et Instagram. À elle seule, l'entreprise d'Evgueni Prigojine, un proche de Poutine, contrôlait sur Twitter 3 814 comptes humains et 50 258 bots, avec lesquels 1,4 million d'Américains ont interagi, et au moins 470 comptes Facebook (avec 100 000 dollars de dépenses publicitaires) ayant atteint au moins 126 millions d'Américains[1].

En 2017, je décide de procéder à des tests simples pour vérifier l'emprise de la propagande russe. Dans mon moteur de recherche dont le nom commence par G, je tape l'expression « massacres de la Ghouta ». Dans ce quartier de la banlieue de Damas sous contrôle de l'Armée syrienne libre, des attaques chimiques au gaz sarin ont fait près de 2 000 morts, quatre ans plus tôt. Sur ma page de résultats, les cinq ou six premiers liens proposés renvoient aux sites de l'agence propagandiste Sputnik, qui s'efforce de nier la culpabilité du régime de Damas, soutenu par le Kremlin. Est-ce le cas seulement depuis la France ? Je demande à des amis à l'étranger de vérifier s'ils observent le même phénomène. Ils font le même constat.

Pourquoi l'algorithme de la société californienne a-t-il préféré Sputnik à une variété d'autres médias ? Il a probablement été abusé par une accumulation de

1. Ben Nimmo et Aric Toler, « The Russians Who Exposed Russia's Trolls : A Tribute To the Russian Journalists Who Exposed the "Troll Factory" », DFRLab Medium.com, 7 mars 2018.

liens HTML artificiels. Je ne soupçonne pas Google (ah, j'ai lâché le nom complet) d'y avoir trouvé un intérêt. Néanmoins, le résultat est là : derrière une apparente neutralité, le moteur de recherche, d'habitude plus pertinent, oriente ma représentation du monde.

Le Kremlin dispose d'une panoplie de moyens pour jeter le trouble et affaiblir les démocraties. La Russie a développé un véritable arsenal médiatique, dont des chaînes de télévision et des sites Internet qui peuvent être des armes très efficaces. Au contraire des discrètes prisons invisibles, des guerres de l'information sont menées au grand jour.

Avec l'aval du président Poutine, le général Valeri Guerassimov, chef d'état-major de l'armée russe, a théorisé en février 2013 une doctrine de la « guerre hybride » : « Les règles de la guerre ont changé (...). Des moyens non militaires peuvent se révéler plus efficaces que le recours à la force et servir des objectifs stratégiques. »

Quatre ans plus tard, cela donne la révélation, par le ministre de la Défense russe, de l'existence d'un département consacré à « la guerre de l'information ». Il comprendrait une unité de « contre-propagande » avec, pour spécialités, le piratage informatique et la diffusion de fausses nouvelles.

Dans l'espace global de l'information et de la communication, il est tellement facile de lancer des opérations de déstabilisation.

En mai 2017, Emmanuel Macron, qui vient de prendre ses fonctions de président de la République, reçoit son homologue russe avec faste au château de Versailles. Au cours de la conférence de presse commune, le nouveau chef de l'État lâche : « J'ai toujours eu d'excellentes relations avec les journalistes étrangers, à la condition qu'ils soient journalistes. »

Macron avait en travers de la gorge la propagation par les médias pro-Kremlin de fausses informations sur un prétendu compte offshore qu'il aurait possédé à l'étranger, et cela juste avant le second tour de l'élection présidentielle[2].

Il ne décolère pas, et poursuit devant un Poutine impassible : « Quand des organes de presse répandent des contre-vérités infamantes, ce ne sont plus des journalistes, ce sont des organes d'influence. »

Conclusion claire et nette : « On va se dire les choses en vérité : Russia Today et Sputnik ne se sont pas comportés comme des organes de presse et des journalistes, mais comme des organes d'influence et de propagande mensongère, ni plus ni moins. »

À RSF, le sujet Russia Today nous a longtemps brûlé les doigts (et la langue) sur deux plans :

Convenait-il de les défendre ?

Devions-nous leur accorder des interviews ?

Ayant par-dessus la tête d'observer que le troncage de leurs propos était peu ou prou systématique, les

2. Marc de Boni, *Le Figaro*, 29 mai 2017.

dirigeants de notre section allemande avaient décidé de ne plus répondre aux questions de la chaîne.

RT n'est en effet pas une chaîne comme les autres, puisqu'elle a été fondée pour assouvir un projet politique, affaiblir les démocraties. La Russie a lancé Russia Today en décembre 2005 à la suite des « révolutions de couleur » en Géorgie (2003) et en Ukraine (2004). L'objectif était clair : dans une logique de *soft power*, améliorer l'image de la Russie à l'étranger. Mais les résultats ont tardé à venir et la guerre de Géorgie de 2008 a confirmé les faiblesses du dispositif informationnel russe.

Changement de stratégie : renommée « RT », un nom plus neutre, l'année suivante, elle va passer d'une démarche positive (promouvoir la Russie) à une démarche négative visant à discréditer l'adversaire, en recrutant des voix occidentales (journalistes, experts, militants, personnalités)[3].

La méthode russe consiste à mettre le doigt, ou plutôt le poing, sur les vulnérabilités des sociétés : minorités ethniques, culturelles ou religieuses (comme c'est le cas dans les sociétés baltes), divisions internes, antagonismes externes, faiblesse des médias[4]...

3. Peter Pomerantsev et Michael Weiss, « The Menace of Unreality : How the Kremlin Weaponizes Information, Culture and Money », *The Interpreter*, a project of the Institute of Modern Russia, 2014.

4. Voir « Les manipulations de l'information, un défi pour nos démocraties », CAPS-INSERM, 2018.

La directrice de la rédaction de RT, Margarita Simonian, est une jeune femme à l'esprit alerte et à l'allure inoffensive. Mais cette proche de Vladimir Poutine est l'une des plus grandes figures de la propagande.

Sa stratégie, selon ses propres termes : « Nous conduisons la guerre de l'information, et même plus, contre le monde occidental. (...) L'arme de l'information est une arme comme une autre[5]. »

La patronne de l'audiovisuel russe s'exprime sur un mode martial, mais elle est très sensible. Il ne faut pas lui marcher sur les pieds.

En 2017, j'accorde une interview à l'hebdomadaire *Télérama* sur l'indépendance des médias. J'évoque la montée en puissance de RT et de l'agence Sputnik, financées par le Kremlin, et explique pourquoi nous n'avons pas soutenu RT face à une résolution du Parlement européen votée quelques mois plus tôt pour condamner la propagande russe. Une phrase dans l'interview n'a pas plu à Margarita.

J'expliquais que « nous sommes à un moment où les ennemis du journalisme se servent précisément des principes qui ont servi à le défendre ».

Je faisais référence à la profusion de médias de propagande, dotés parfois de très gros moyens, qui bénéficient naturellement de la liberté d'expression,

5. Citée dans « Le régime russe tente d'appliquer dans les démocraties ses pratiques intimidantes », par Nicolas Tenzer, directeur du site d'information Desk Russie, paru dans *Le Monde* le 17 septembre 2021.

mais sont parfois très loin des standards d'un journalisme indépendant et honnête. Je n'affirmais pas que la chaîne RT dans son ensemble était constituée d'ennemis du journalisme.

J'ajoutai : « Face à ces enjeux, le droit international n'est plus adapté. »

Dans la nouvelle matrice, certains défendent des dévoiements du journalisme en se fondant sur les normes internationales.

Le sang de la journaliste kremlinoise n'a fait qu'un tour de la place Rouge.

Sur tous les supports de son groupe, dans de multiples langues étrangères, elle a publié un communiqué furibard : « Après de telles déclarations atterrantes, Reporters sans frontières devrait s'autodissoudre sans faire de bruit, de façon à ne pas déshonorer les vrais défenseurs des droits de l'homme. »

Nous autodissoudre dans le silence, quelle idée.

En réponse, je faisais observer que « demander la fermeture d'une organisation de défense de la liberté de la presse réputée pour son indépendance, *a fortiori* en utilisant le canal de ses propres rédactions, témoigne d'une conception du journalisme pour le moins éloignée des principes éthiques et des standards professionnels du métier ».

Ce ne serait pas le dernier échange d'amabilités entre Mme Simonian et moi.

Non contente de travailler pour l'appareil de propagande russe, elle s'est mise au service de l'appareil de propagande bélarusse.

Le Bélarus est la dernière dictature d'Europe. Le pays figure au 158e rang sur 180 pays au classement de la liberté de la presse. À sa tête, sans discontinuer depuis 1994, un ancien agriculteur et ancien membre du Parti communiste de l'URSS, Alexandre Loukachenko, qui utilise la méthode forte et même brutale contre ses opposants.

En 2020, pour assurer sa cinquième reconduction au pouvoir (difficile de parler de « réélection »), le dirigeant (difficile aussi de dire « président de la République ») s'attribue 80 % des voix contre 10 % à l'épouse d'un blogueur en prison, Svetlana Tikhanovskaïa, qui s'est improvisée leader de l'opposition.

Face à des manifestations pacifiques contre les résultats frauduleux du scrutin, la réponse est violente. Le président fait bastonner et incarcérer à tour de bras.

Pendant la grève d'août 2020, durant laquelle des centaines d'employés de la radio et télévision publique du Bélarus ont quitté leur poste en soutien aux manifestations, des « spécialistes russes » de RT, appelés en renfort par Loukachenko, débarquent à Minsk pour pallier ces départs. « Vous avez été importants pour nous pendant cette période difficile », remerciera le directeur de la chaîne Belarus 1 en s'adressant au correspondant de RT.

Le 23 mai 2021, un MiG-29 de l'armée de l'air bélarusse détourne un avion au-dessus de l'espace aérien du Bélarus. À son bord, le jeune journaliste

Roman Protassevitch. Le détournement aurait pour objet son arrestation.

Le 23 mai toujours, la rédactrice en chef de RT et Sputnik publie rien de moins qu'un message de félicitations sur son compte Twitter : « Je n'aurais jamais pensé que j'envierais un jour les Biélorusses. Mais désormais je suis en quelque sorte jalouse. Batka a réalisé une belle performance. »

Batka, c'est le surnom de Loukachenko, « le père » en bélarusse.

La rédactrice en chef d'un média qui ne cesse de réclamer l'égalité de traitement avec les autres médias exprime sa jalousie parce qu'une action de répression inédite a été commise dans une dictature affiliée à son pays. Il est vrai que malgré ses états de service en matière de répression des journalistes, Vladimir Poutine n'a jamais poussé la perversité aussi loin.

Pour que Margarita nous donne des leçons, il faut vraiment que la matrice, le système qui a remplacé l'espace public, fonctionne de manière farfelue.

AVEC CHOMSKY

Quatre mois après mon intervention à l'ONU le jour de l'adoption de la résolution 2222, je rends visite à un éminent professeur du Massachusetts Institute of Technology (MIT) de Boston, sur la côte Est des États-Unis. Le *New York Times* a affirmé un jour qu'il était « peut-être le plus grand intellectuel vivant ». La contribution de Noam Chomsky à la linguistique fut majeure, mais c'est sa critique politique qui l'a rendu légendaire. Cet homme, alors âgé de quatre-vingt-sept ans, est l'auteur de livres traduits dans de multiples langues : *La Fabrication du consentement*[1], *Le Profit avant l'homme*[2], *Dominer le monde ou sauver la planète ?*[3], et *De la propagande*[4].

1. Noam Chomsky et Edward Herrman, *La Fabrication du consentement : De la propagande médiatique en démocratie*, Agone, 2008.
2. Noam Chomsky, *Le Profit avant l'homme*, Fayard, 2003.
3. Noam Chomsky, *Dominer le monde ou sauver la planète ?*, Fayard, 2004.
4. Noam Chomsky, *De la propagande*, 10/18, 2003.

À chacun de ses voyages, Chomsky remplit les salles comme une rock star.

Car il pourfend comme personne les hypocrisies occidentales.

Et notamment celles des médias américains.

Il n'a cessé de décrypter les prismes qui font commettre des erreurs d'appréciation, comme le « deux poids deux mesures » qui nous fait voir la paille dans l'œil d'autrui sans avoir idée de la poutre dans le nôtre. Nous traitons de manière inéquitable les « victimes intéressantes », qui nous émeuvent pour des motifs idéologiques ou parce qu'elles nous sont proches, et les « victimes inintéressantes » que nous négligeons pour ne pas remettre en cause notre confort intellectuel et psychologique. Nous faisons des choix alignés sur nos intérêts qui nous empêchent d'observer le monde avec lucidité, ou en tout cas avec équité, et cela, Chomsky le dit mieux que personne.

Bien entendu, affirmer que le gouvernement américain commet des actes terroristes de plus grande ampleur que ceux que les États-Unis subissent peut faire de vous un personnage sulfureux outre-Atlantique.

Nous entrons dans son bureau. La décoration est sobre, à part au mur une grande enveloppe, fausse, où l'adresse « Palestine » a été rayée, avec un tampon *« Return to sender, no such address »* : retour à l'envoyeur, cette adresse n'existe pas.

Au mur, une photo de Bertrand Russell, intellectuel éclectique s'il en fut, à la fois philosophe et mathématicien, homme politique et moraliste, et une citation : « Trois passions, simples mais extrêmement puissantes, ont gouverné ma vie : le désir d'amour, la recherche de la connaissance et une pitié insoutenable pour la souffrance de l'humanité. »

Chomsky engage la discussion sur le conformisme des élites, un de ses thèmes de prédilection.

« Dans une introduction non publiée de son roman *La Ferme des animaux*, George Orwell explique comment les idées peuvent être supprimées sans que personne fasse usage de la force. »

Il n'est pas nécessaire pour les individus fortunés, qui n'ont pas intérêt à ce que des idées soient évoquées, de contrôler la presse. La « bonne éducation » elle-même est un moyen de contrôle.

« Quand vous avez fait les meilleures écoles, Oxford ou Cambridge, vous avez intégré qu'il y a des choses à ne pas dire. Cela a un effet très puissant, et pas seulement dans les médias. »

Lui d'habitude avare en compliments sur les journaux fait exception au moment de parler du Web :

« Si les médias sociaux sont utilisés par des mouvements populaires réellement démocratiques, s'ils servent à favoriser la discussion et le débat, l'enquête contradictoire, la variété de points de vue et d'opinions, cela peut être favorable à la démocratie. Mais les études prouvent que les gens ont tendance à chercher très majoritairement des contenus conformes à leurs propres opinions. Beaucoup de lecteurs ne consultent que les blogs qui renforcent ce qu'ils croient déjà. »

Chomsky admet procéder de même, comme nous le faisons tous.

« C'est une erreur. Si vous lisez un journal, le spectre n'est pas large, mais il y a au moins une forme de spectre. Vous avez donc sans doute une conception de la nature du monde plus variée en lisant le *New York Times* qu'en vous enfermant dans une bulle. Mais ce n'est certainement pas vrai si vous regardez Fox News… »

Tout dépend de l'usage que l'on fait d'Internet :

« Grâce à Internet, nous avons accès à une gamme plus large d'opinions et de reportages. Si, en allumant votre ordinateur le matin, vous ne jetez pas seulement un œil au *New York Times* mais regardez aussi la presse étrangère et les auteurs indépendants, vous pouvez "trianguler" en comparant les contenus. Vous devez commencer par avoir conscience de la nécessité de conserver un esprit ouvert, de mener des recherches critiques, de faire preuve de scepticisme. Notamment faire preuve de scepticisme à l'égard de ce que tout le monde répète. »

Penser contre les évidences.

« À chaque évidence, une petite lumière devrait s'allumer pour dire "ça ne peut pas être vrai". C'est une capacité que l'on devrait développer à l'école. »

Certes, à condition de ne pas pousser le bouchon trop loin, et de ne pas succomber à un complotisme débridé.

Cette visite à Noam Chomsky aura été un exercice de tolérance. La leçon, c'est qu'il ne faut jamais regarder la réalité depuis un seul endroit. Qu'une même scène pourra être interprétée très différemment en fonction de là où on la regarde.

Si j'ai tiré une leçon de l'exercice du journalisme, c'est que chacun, où qu'il se trouve dans la société ou dans le monde, a un prisme qui biaise sa vision et ses conceptions. Il m'est arrivé tellement de fois, en allant d'une partie à l'autre dans un conflit, quel que soit le conflit en question (je ne parle vraiment pas que des guerres), de voir que généralement, dans chaque camp, les gens n'étaient pas mauvais, étaient de bonne foi, et avaient des raisons solides de penser ce qu'ils pensaient. Je n'ai pas fini « relativiste », mais prudent sur les jugements humains, les convictions idéologiques et les perceptions en général. J'ai rencontré de vrais « salauds », mais surtout vu comment des adversaires peuvent se ressembler et se sentir chacun dans le camp du bien.

Le journaliste et écrivain Charles Péguy invitait à « penser contre soi-même ». Les « bulles filtrantes » d'Internet ne nous y incitent guère. Elles nous en dissuadent ou rendent même l'idée saugrenue.

Ce schéma d'organisation d'Internet n'incite pas à la compréhension mutuelle, ni à la compréhension du monde, et c'est déplorable.

Et il est dangereux pour la concorde civile, et la paix, tout simplement.

ACTE D'ACCUSATION

Tout est allé si vite, trop vite.

Nous avons subi un « changement de paradigme », un bouleversement de la place du village, qui nous a sidérés et laissés passifs. La fascination a bridé notre capacité de réaction. Pris au dépourvu, nos parlementaires n'ont pas compris que nous n'étions pas seulement face à une innovation, mais à une explosion de notre espace public.

Depuis les causeries sur la Pnyx en face du Parthénon dans l'Athènes antique, à l'origine de la démocratie, l'on sait que la délibération, le débat, est au cœur des sociétés libres. Les disciples de Périclès n'auraient pas accepté qu'un commerçant richissime, étranger, prenne le contrôle de la discussion et l'asservisse à sa logique marchande.

Face au pouvoir suprême des plateformes numériques, il est temps de clamer haut et fort « J'accuse ! », comme Émile Zola dénonçant les compromissions au sommet de l'État et de l'armée au moment de l'affaire Dreyfus.

Le quart de siècle d'expansion des Gafam est marqué par le lancement de nouveaux produits, mais c'est également l'histoire de révélations. Les scandales éclaboussent les plateformes depuis la création de Google (en 1998), de Facebook (en 2004), de Twitter (en 2006) ou d'Instagram (en 2010).

La société Facebook est accusée d'avoir lancé dès 2007 le logiciel publicitaire Beacon qui portait atteinte à la vie privée des utilisateurs en partageant des informations sur leur comportement en ligne sans les en informer, jusqu'à l'abandon de ce dispositif.

Les sociétés technologiques américaines sont accusées d'avoir été impliquées dans le programme de surveillance Prism mis en place par la NSA, comme l'a révélé le lanceur d'alerte Edward Snowden. L'opération permettait à l'agence américaine de collecter les données présentes sur le réseau social ainsi que sur les serveurs de Google, de Microsoft et de quelques autres.

La direction de Facebook a donné pour instruction aux modérateurs de tolérer les messages négationnistes sauf si ceux-ci étaient publiés à partir de pays où cela était illégal, comme l'a révélé le *Guardian* en 2017.

Facebook a tardé à réagir quand l'armée birmane a utilisé le réseau pour appeler au génocide des Rohingyas perpétré en 2016 et 2017. Plus d'un millier de musulmans ont été tués et un demi-million n'a eu d'autre choix que de trouver refuge dans les pays voisins[1].

Au regard de la révélation du scandale Cambridge Analytica en 2018, toujours par le quotidien de Londres, Facebook est accusé d'avoir créé des dispositifs permettant la fuite de données de 87 millions d'utilisateurs de la plateforme, qui ont pu être manipulées à des fins électorales.

La même société semble avoir délibérément menti au public et aux autorités sur ses progrès en termes de lutte contre les contenus haineux et la désinformation, privilégiant son profit, comme l'a révélé la lanceuse d'alerte Frances Haugen.

Ce n'est pas nous, mais une commission du Parlement britannique, qui a accusé Facebook et ses semblables de se comporter en « gangsters numériques », « se considérant en avance et au-delà de la loi »[2], concluait le rapport.

Le réquisitoire est violent, mais juste.

En France, à la Libération, après la Seconde Guerre mondiale, la distribution de la presse écrite a fait l'objet d'une loi, dite Bichet, qui permet de garantir le pluralisme chez les marchands de journaux. Dans l'ensemble de la filière, aucun acteur

---

1. Human Rights Council (2018), « Report of the Detailed Findings of the Independent International Fact-Finding Mission on Myanmar », 39th session 10-28, septembre 2018, agenda item 4, www.ohchr.org.

2. « Disinformation and 'fake news' : Final Report, Digital, Culture, Media and Sport Committee », House of Commons, 14 février 2019.

n'a le droit de sélectionner les journaux distribués en fonction de ses préférences politiques.

Mark Zuckerberg, le patron de Facebook, lui, choisit comme il l'entend.

Au début de l'épidémie de Covid, l'algorithme de Facebook a longtemps écarté les contenus qui affirmaient que le virus était sorti des laboratoires de Wuhan. Avant que la société ne se ravise après la publication d'un rapport des services de renseignements américains à Joe Biden.

J'ignore où se trouve la vérité, mais j'appelle cela un « ministère de la Vérité ».

Dans la législation française, des dispositions obligent les médias de masse à une égalité ou une équité des temps de parole des candidats avant les élections, et à une interdiction d'évoquer la campagne dans les 48 heures précédant le scrutin, afin d'éviter les manipulations de dernière minute.

Les patrons des plateformes, eux, ils s'en fichent.

Pour avoir accès aux ondes, les grands médias signent des conventions avec des engagements pour l'indépendance et l'honnêteté de l'information.

De leur côté, ils s'en tamponnent le coquillard, les dirigeants des sociétés technologiques.

Ils peuvent décider de supprimer le compte d'un président des États-Unis sur son réseau social d'un claquement de doigts, comme ils l'ont fait avec Donald Trump après l'invasion du Congrès des États-Unis au Capitole.

Trump est détestable, soit, mais ce pouvoir est dangereux.

Pour chacun d'entre nous.

Facebook s'arroge même le droit, comme Google, de couper le sifflet, pardon le robinet, pardon la diffusion aux médias, pour éviter les conditions financières qui leur sont imposées.

C'est arrivé près de chez vous, en Australie.

Nous sommes soumis à un système, au sens d'« un ensemble abstrait coordonné par une loi ou une théorie », selon la définition de Wikipédia. Un système qui échappe à notre contrôle.

LA VICTOIRE D'OSLO

Le 8 octobre 2021, je bute sur les trépieds des caméras dans l'*open space* du siège de RSF, sous une immense carte du monde accrochée au plafond.

Pas le jour à se casser une jambe.

Il est 10 h 30 et la nouvelle va bientôt tomber. Les trois grandes agences de presse mondiales, l'Agence France-Presse, Reuters et Associated Press, ont demandé à nous filmer pendant que nous assisterons en *live streaming* à l'annonce du prix Nobel de la paix 2021. Nous avons refusé les sollicitations des grandes chaînes allemandes et japonaises. De l'avis des experts à Oslo, RSF fait partie des candidats pressentis, et est même le favori. Depuis des jours, la presse norvégienne affirme que nous sommes en tête de la *short list*. La veille, un proche de l'ancien président du comité Nobel m'a passé un coup de fil : « Le prix, il est pour la liberté de la presse, il est pour vous. »

Des appels nous parviennent du monde entier. Même les bookmakers de Londres parient sur RSF…

Cela fait déjà sept ans que, chaque année, nous sommes nominés par des personnalités qui adressent des courriers au comité Nobel pour demander que le prix soit attribué à RSF. Trois ans que le directeur du Oslo Peace Research Institute, qui fait référence, publie une liste des cinq lauréats les plus probables dans laquelle figure le nom de RSF.

Comment ne pas y croire, un peu ?

L'annonce, prévue pour 11 heures précises, sera retransmise en direct. Les journalistes souhaitent être présents, pour recueillir nos réactions au cas où. Ceux de l'AFP nous expliquent n'avoir envoyé une autre équipe qu'à un seul autre endroit, auprès de Svetlana Tikhanovskaïa, la principale opposante au régime du leader bélarusse Alexandre Loukachenko. Le monde est petit. Svetlana, que j'étais allé rencontrer quelques mois plus tôt à Vilnius, en Lituanie, où elle vit en exil, nous a rendu visite, au siège de RSF, trois semaines avant l'annonce du Nobel.

Le comité norvégien n'a pas honoré le journalisme depuis 1935, lorsqu'en pleine montée du nazisme, le prix fut attribué à l'Allemand Carl von Ossietzky, rédacteur du magazine *Die Weltbühne* (« La Scène mondiale »). En 1931, Ossietzky avait été condamné pour haute trahison après avoir publié des informations sur le réarmement de l'Allemagne qui violait ainsi les conventions internationales. Les nazis l'avaient empêché de se rendre à Oslo pour recevoir le prix. La Chine populaire ne ferait pas autrement pour l'intellectuel Liu Xiaobo, en 2010, à qui Reporters sans frontières avait remis son propre prix quelques années plus tôt. En 2011, le Nobel avait été décerné à la militante et journaliste yéménite Tawakkol Karman, avec deux Libériennes, mais selon le comité, c'était « pour leur lutte non violente pour la sécurité des femmes et pour les droits des femmes ».

Ce serait mentir de dire que je n'ai pas souhaité que RSF obtienne ce prix, que nous n'avons rien fait pour, même si nous n'avons jamais mené de campagne publique, nécessairement contre-productive. Qui ne désire pas le meilleur pour son organisation, pour sa cause ?

Vingt minutes avant l'annonce.

Les caméras sont braquées sur nous, attendant un coup de fil qui viendrait de Norvège pour me prévenir. De quoi se sentir nigaud. En discutant avec le journaliste de l'AFP, je découvre que l'écrivaine Annie Ernaux a connu la même situation absurde pas plus tard que la veille. Annoncée comme probable lauréate par les spécialistes du prix Nobel de littérature, elle a fini, peu avant l'annonce, par renvoyer les journalistes chez eux, fatiguée par cette agitation dans son salon de Cergy.

10 h 45. On m'informe que des équipes de télévision sont massées en bas des locaux de RSF et nous font savoir qu'elles aimeraient elles aussi monter.

11 heures. La présidente du comité Nobel norvégien, Berit Reiss-Andersen, apparaît à l'écran et entre dans la salle où l'attend la presse du monde entier.

Elle s'avance vers le pupitre et prononce ces mots :

« Le comité Nobel norvégien a décidé de décerner le prix Nobel de la paix 2021 à Maria Ressa et Dmitri Mouratov pour leurs efforts en faveur de la liberté d'expression, une condition essentielle pour la démocratie et la paix durable. »

Je respire, impassible, devant les caméras.

Il me faut un moment pour réaliser.

« Ressa et Mouratov sont récompensés pour leur combat courageux pour la liberté d'expression aux Philippines et en Russie. En même temps, ils sont les représentants de tous les journalistes qui défendent cet idéal dans un monde où la démocratie et la liberté de la presse sont confrontées à des conditions de plus en plus défavorables. »

Dois-je décrire les émotions qui m'ont traversé pendant ce discours ?

Je n'en laisse rien paraître, d'autant que je ressens aussi une profonde satisfaction, du genre à vous remuer les tripes.

Maria Ressa est une proche parmi les proches.

Ancienne correspondante de CNN en Asie, cette héroïne toujours souriante même dans la pire adversité incarne si bien RSF et ses combats que depuis plusieurs mois, bien avant ce jour fatidique, un portrait géant d'elle est accroché au-dessus du bureau d'accueil du siège de RSF, avec cette citation qui guide nos actions : « Nous résisterons à toutes les attaques contre la liberté de la presse. Parce que si vous n'exercez pas vos droits, vous les perdrez. »

Cette consœur est l'une des figures les plus attachantes et les plus impactantes que j'ai rencontrées en dix ans à RSF. Si ce n'était une expression péjorative, je la qualifierais de « Dame de fer » du journalisme, dans un habit de velours. À cinquante-huit ans, elle frappe par sa vitalité, son enthousiasme, et son sourire dans l'adversité. Elle rayonne. Formée aux États-Unis, elle a fondé en 2012 aux Philippines le site d'information Rappler, dirigé essentiellement par des femmes.

Dans son archipel, Maria a rapidement gagné le statut de bête noire du président Rodrigo Duterte, qui préfère l'invective et l'insulte aux autres formes de poésie. Il est capable de qualifier sa propre fille de « *drama queen* » quand elle clame avoir été victime de viol. Élu en 2016, l'homme s'est forgé une réputation planétaire pour ses méthodes expéditives et pour ses noms d'oiseaux à l'endroit de la presse qui « a la bouche sale ». Rappler a raconté les dessous de la guerre contre la drogue, notamment le recours à des exécutions sommaires par des escadrons de la mort, qui ont tué au moins 20 000 personnes.

Maria ne pouvait pas être en odeur de sainteté face à un « homme fort autoritaire ». Le parquet a multiplié les procédures à l'encontre de Rappler et de sa fondatrice, jusqu'à atteindre le chiffre extravagant de sept procès en cours et une peine potentielle de cent ans de prison cumulés…

Ce n'est pas le moment de rêvasser. Dans la seconde, les agences me demandent une réaction.

« Nous passons en direct », explique l'envoyé d'Associated Press.

Je suis encore sous le choc, et si heureux pour la cause, pour Maria et pour Dmitri, le patron de *Novaïa Gazeta*, ce journal martyr dont sept journalistes ont été assassinés au fil des années. La veille, nous avons manifesté devant l'ambassade de Russie à Paris, avec l'équipe de RSF, à l'occasion des quinze ans de l'assassinat d'Anna Politkovskaïa, qui était l'une des figures du journal. Le délai de prescription pour les exécutants venait d'expirer.

Je bredouille en anglais et dois m'y reprendre à trois fois.

« Une immense joie et un sentiment d'urgence. »

Je reprends pour Maria et Dmitri les quelques mots que j'avais préparés au cas où RSF serait désignée. Une forme de recyclage rhétorique : ce prix, c'est « un hommage extraordinaire pour le journalisme », « un appel à la mobilisation parce que cette décennie sera tout simplement décisive pour le journalisme », « un message puissant au moment où les démocraties sont fragilisées en raison de la prolifération des fausses informations et des propos de haine ».

Ce prix met la lumière sur un enjeu trop souvent confiné à des cercles restreints de spécialistes. Il fait le lien entre les sujets pour lesquels nous nous battons, la défense du journalisme et plus largement la maîtrise des technologies nuisibles à la démocratie.

APRÈS HIROSHIMA

Deux mois plus tard, en décembre 2021, dans la grande salle au plafond haut de vingt mètres de l'hôtel de ville d'Oslo, devant le roi de Norvège Harald V et son épouse Sonja, Maria Ressa prononce un magnifique discours de réception du Nobel dans lequel elle dénonce les « boues toxiques » des réseaux sociaux.

« Les réseaux sociaux sont un jeu mortel du pouvoir et de l'argent. »

« Nos vies personnelles sont aspirées dans une base de données, organisées par intelligence artificielle, puis vendues au plus offrant. Ce microciblage ultrarentable est conçu pour saper structurellement la volonté humaine. »

Pour Maria, c'est ni plus ni moins « un système de modification du comportement dans lequel nous sommes les chiens de Pavlov, expérimenté en temps réel avec des conséquences désastreuses ». Une allusion aux « réflexes conditionnés » des canidés étudiés par le physiologiste russe Ivan Pavlov à la fin du XIXe siècle. Les sociétés technologiques actionnent des stimuli pour nous faire saliver et agir selon leurs intérêts.

Son réquisitoire est implacable : « Ces entreprises américaines contrôlant notre écosystème d'information mondial sont biaisées contre les faits, biaisées contre les journalistes. » Selon la rédactrice en chef de Rappler, « ces sociétés destructrices » ont détourné l'argent des groupes de presse à leur profit et constituent désormais une menace fondamentale pour les marchés et les élections. Du fait de leur conception même, elles nous divisent et nous radicalisent.

« Alors qu'allons-nous faire ? » demande Maria.

La Philippine va filer une métaphore qu'elle utilise depuis des mois : « Une bombe atomique invisible a explosé dans notre écosystème d'information, et le monde doit agir comme il l'a fait après Hiroshima. »

La référence à la bombe « Little Boy » lâchée au-dessus de la ville japonaise par le bombardier B-29 *Enola Gay*, le 6 août 1945, qui a fait 50 000 morts au moment où le champignon atomique s'élevait dans le ciel et sans doute 250 000 au fil du temps, frappe l'esprit. La Silicon Valley, en Californie, se situe à une vingtaine d'heures de route de Los Alamos, au Nouveau-Mexique, où Robert Oppenheimer et ses équipes avaient développé le projet Manhattan.

Le moment de nous souvenir de l'horloge de l'apocalypse.

D'une certaine manière, nous nous retrouvons dans la même situation qu'à la fin de la Seconde Guerre mondiale.

« Comme à cette époque, nous devons créer de nouvelles institutions, comme les Nations unies, et de nouveaux codes énonçant nos valeurs, comme la Déclaration universelle des droits de l'homme, pour empêcher l'humanité de faire pire. C'est une course aux armements dans l'écosystème de l'information. Pour arrêter cela, il faut une approche multilatérale à laquelle nous devons tous prendre part. »

C'est exactement le processus que RSF a lancé trois ans plus tôt, avec Maria Ressa et quelques autres, à travers l'Initiative sur l'information et la démocratie.

Soixante-dix ans après l'adoption de la Déclaration universelle des droits de l'homme par l'assemblée générale de l'ONU, il fallait trouver un moyen de résister à la crise de confiance des démocraties et la montée en puissance de régimes despotiques. Nous ne pouvions pas nous laisser dominer par la matrice sans réagir, le risque était trop grand de laisser cette machine infernale nous broyer.

La Déclaration universelle des droits de l'homme avait été rédigée en 1948 par une commission des Nations unies sur les droits de l'homme, présidée par l'épouse du président américain Franklin D. Roosevelt, Eleanor.

Nous nous en sommes inspirés pour créer en septembre 2018 une Commission internationale sur l'information et la démocratie, composée notamment de lauréats du prix Nobel de la paix, d'économie et de littérature. Parmi les vingt-cinq personnalités,

Maria Ressa fut l'une des plus impliquées et des plus assidues.

Je coprésidai cette commission avec l'Iranienne Shirin Ebadi, lauréate du prix Nobel de la paix en 2003. Dans la lettre de mission, Shirin et moi avons énoncé les principaux facteurs de péril :

« Le contrôle politique sur la presse, l'asservissement de l'information à des intérêts particuliers, la montée en puissance d'acteurs privés échappant au contrôle démocratique, la fragilisation du journalisme de qualité, la désinformation massive en ligne. »

La commission avait pour mandat de rédiger une déclaration internationale pour inspirer un pacte intergouvernemental.

Ce projet dépassait le mandat de RSF ? Probablement, oui. Était-il une condition de sa réalisation ? Sans l'ombre d'un doute. Qui avait lancé une initiative semblable ? Personne. N'était-il pas un peu présomptueux de lancer un tel processus ? Assurément. Avions-nous le choix ? La question n'a pas d'intérêt. Avions-nous une chance de réussir ? Nous ne nous sommes pas posé la question.

Comme l'a écrit un jour l'écrivain Mark Twain : « Ils ne savaient pas que c'était impossible, alors ils l'ont fait. »

Nous avons obtenu le soutien de nombreux chefs d'État et de gouvernement et de dirigeants d'organisations internationales.

Bref, avec Maria et d'autres, nous avons lancé une reprise de contrôle démocratique de la *matrix politica*, une aventure parsemée d'embûches mais qui nous a menés plus loin que nous ne l'imaginions.

Le compte à rebours ne nous laissait plus beaucoup de temps.

Dans son discours d'Oslo, Maria a pris un ton tragique :

« La démocratie est devenue une défense de nos valeurs de femme à femme, d'homme à homme. Nous sommes à un moment glissant, où nous pouvons continuer à descendre plus loin vers le fascisme, mais où chacun d'entre nous peut aussi choisir de se battre pour un monde meilleur. »

Elle a posé « la » question : « Vous devez vous demander : qu'êtes-vous prêt à sacrifier pour la vérité ? »

Partie II

DÉRÈGLEMENT DÉMOCRATIQUE

UNE MINI, MINI, MINIMULTINATIONALE

Se battre pour un monde meilleur, c'est ce que nous nous efforçons de faire chaque jour à Reporters sans frontières. La phrase que j'entends le plus souvent c'est : « Vous ne devez pas manquer de travail en ce moment. »

Disposant d'un statut consultatif à l'ONU, à l'Unesco, au Conseil de l'Europe, à l'Organisation internationale de la francophonie comme à la Commission africaine des droits de l'homme et des peuples, RSF est dotée, outre son siège à Paris, de bureaux ou sections dans treize villes dans le monde (Bruxelles, Berlin, Dakar, Genève, Helsinki, Londres, Madrid, Rio de Janeiro, Stockholm, Taïpei, Tunis, Vienne et Washington). Nous avons aussi des représentants à Karachi, Istanbul, Mexico, des organisations partenaires comme à Kinshasa, et au total des correspondants dans 130 pays.

Une mini, mini, minimultinationale à but non lucratif.

Nous défendons les journalistes, mais surtout un idéal du journalisme.

Notre aspiration, selon nos statuts ?

« Que tous les êtres humains bénéficient d'informations pour connaître, comprendre et se forger une opinion sur les enjeux du monde et de leur environnement. »

Nous ne sommes ni un syndicat défendant les intérêts des journalistes ni un groupe d'intérêts, un lobby, poussant les avantages des patrons de médias.

Notre mandat ?

« Promouvoir la liberté, le pluralisme et l'indépendance du journalisme, notamment par la défense de ceux qui incarnent ces idéaux. »

Nos valeurs ?

Celles de la Déclaration universelle des droits de l'homme, du Pacte international relatif aux droits civils et politiques, et des grandes déclarations éthiques, notamment celle de Munich. Aussi appelée « Déclaration des devoirs et des droits des journalistes », la charte de déontologie de Munich adoptée en 1971 par la Fédération européenne des journalistes édicte dix devoirs et cinq droits.

Bref, ce n'est pas la liberté pure.

Mais l'articulation entre la liberté et la responsabilité.

Pour défendre cet idéal, pour obtenir des résultats positifs, nous avons dû renouveler notre « théorie du changement », autrement dit notre doctrine d'action et notre stratégie. Pour nous adapter aux évolutions géopolitiques et technologiques, il nous fallait changer de boîte à outils.

Fini la seule tactique du *naming and shaming*, consistant à dénoncer et faire honte. Les dénonciations à distance, par voie de communiqués, ne sont pas inutiles, mais elles ont perdu de leur efficacité. La proclamation de valeurs ou de revendications ne suffit plus à faire bouger les gouvernements, surtout les plus autoritaires. Combien de fois des interlocuteurs ont-ils fait comprendre que plus nous protesterions avec véhémence, plus nous ferions de bruit, moins ils accéderaient à nos demandes ?

Un procédé de négociation, direz-vous.

Non, une réalité.

Braire comme un âne est de plus en plus souvent contre-productif.

Face aux ONG, les régimes répressifs font front. Logique, vu l'évolution des rapports de force géopolitiques. Pour ces régimes, céder à la pression médiatique revient à perdre la face auprès de leurs propres populations. Quand vous régnez par la peur, une faiblesse est une faute. Ce que leurs dirigeants craignent le plus, ce n'est pas l'image d'immoralité, c'est l'absence de démonstration de force.

Souvenons-nous du *big boss* des services de renseignements saoudiens. Quand un homme comme lui vous assène qu'une campagne en faveur d'un détenu aura des effets pervers, vous pouvez lui faire confiance, il ne bluffe pas.

Xi Jinping en Chine, Alexandre Loukachenko au Bélarus, Mohammed Bin Salman en Arabie saoudite, ne s'inclinent pas derechef au motif qu'on leur demande de céder à nos vœux formulés depuis les salons parisiens, londoniens ou new-yorkais. Ce n'est pas notre vindicte qui va les impressionner. Quand l'un de vos collaborateurs est en détention, en Turquie ou en Algérie, l'indignation ne suffit pas à obtenir sa libération.

« Indignez-vous ! » proclamait feu Stéphane Hessel.

Oui, mais indignez-vous comme moteur de l'action, pas comme une fin en soi.

D'où le besoin, pour une organisation comme la nôtre, de créer un dialogue avec les autorités, même dans les régimes répressifs, afin de négocier des avancées.

C'est la stratégie de l'« engagement direct ».

Parler à tous et à tout le monde, portes fermées ou en public.

En résumé, plutôt que de nous contenter de hurler de loin, nous considérons que les campagnes de communication ne sont qu'un préalable. Elles permettent de créer un rapport de force, qu'il convient de mettre à profit.

Ensuite, nous discutons en face à face.

Les yeux dans les yeux.

À distance de baffes.

Le seul moyen de faire connaître nos revendications dans le détail à des dirigeants qui, sinon, ne leur prêteraient pas la moindre attention. La méthode de se mettre à leur place, entrer dans leur tête, et de comprendre comment les influencer.

Nous ne voulons pas être de ceux qui ont les mains propres parce qu'ils n'ont pas de mains, comme disait Péguy.

Nous serrons des mains, sales s'il le faut.

Nous discutons pied à pied.

Pour obtenir des résultats, il importe en outre d'avoir dans sa manche des solutions, des « feuilles de route ». Même les pires régimes se retrouvent dans des impasses. Leur indiquer « par ici la sortie » peut fonctionner mieux que de les acculer. Nous produisons des notes que nous soumettons aux États hostiles, parfois ce que nous appelons des *white papers*, des « blancs », sans logo ni en-tête, pour servir de base aux discussions.

Dans les pays démocratiques, nous dénonçons les insuffisances ou les violations s'il le faut, et mâchons le travail si c'est utile. Les dirigeants et leurs conseillers sont saturés de travail. Si vous arrivez avec des propositions structurées, prêtes à l'utilisation, les conseillers sous l'eau vous en savent gré, ils préfèrent vous parler plutôt qu'à ceux qui se contentent de crier au scandale, et surtout, ils peuvent s'inspirer de vos propositions, voire les mettre en œuvre.

Dans notre contexte de bouleversement géopolitique et technologique du monde, j'ai la conviction profonde que les mouvements citoyens et les ONG ont plus que jamais la capacité de changer le monde. Les pouvoirs politiques apparaissent démunis, leurs capacités d'action sont amoindries par une gouvernance mondiale et des multinationales qui échappent largement à leur autorité. La nature n'aime pas le vide, et cette béance de l'action publique doit être investie par les hommes et femmes de bonne volonté qui sont forces de proposition.

LA RÉSISTANCE JOYEUSE

À Reporters sans frontières, nous sommes comme le village d'Astérix qui résiste à l'envahisseur. Nous luttons dans une franche camaraderie face aux empires qui ont fait la conquête de la *matrix politica*.

Nous sommes tout petits, mais nous compensons en étant futés (nous n'avons pas de pétrole, mais nous avons des idées). Nous « boxons au-dessus de notre catégorie », au-dessus de notre poids, comme si nous étions Astérix.

Notre potion magique, c'est la « résistance joyeuse ».

Je ne vous dirai pas qui est le barde Assurancetourix, le marchand de poisson Ordralphabétix ou le ronchon Cétautomatix, je garde ma petite idée pour moi. Chez nous, les femmes ne sont pas cantonnées aux seconds rôles comme Bonnemine ou Falbala peuvent l'être dans la bande dessinée. Sans doute me prend-on pour Âgecanonix, vu que je suis l'un des doyens, ou Abraracourcix, le chef du « village des fous » avec son embonpoint.

J'ai rejoint il y a dix ans cette association où mes collègues et moi partageons une aventure exaltante. Dans un monde des droits de l'homme logiquement peu porté à la plaisanterie, nous avons un mot d'ordre : « Ce n'est pas parce qu'on essaie de sauver le monde qu'on doit passer une mauvaise journée. »

Un ancien numéro deux d'Amnesty International qui, peu après mon arrivée à RSF, rédigeait un rapport sur notre fonctionnement, avait relevé la tristesse et le spleen qui régnaient dans l'*open space*, la mauvaise humeur confinant au malaise. La faute à des conflits de valeurs, classiques dans ce type d'organisation. Le conflit était amplifié par un choc entre la culture du journalisme, où l'on claque les portes et se réconcilie l'instant d'après, et celle des droits de l'homme, où des critiques à mots couverts sont interprétées comme des attaques en règle.

Il y avait surtout ce que j'appellerais le « paradoxe d'Atlas ».

On se sent léger à porter le poids des plaies terrestres sur ses épaules. Ainsi, des journalistes d'investigation dévoilent la noirceur du monde car cela permet d'éviter de se confronter au gris qui est en soi, de se blanchir soi-même. De même, en s'attachant à guérir toutes les plaies du monde, des militants d'ONG pansent leurs propres blessures. Je ne m'exonère pas de ce syndrome, mais chacun doit s'attacher à lui résister.

Nous comptons les morts et prononçons des phrases funèbres plus souvent qu'à notre tour. Nous ne sommes pas comme ces étudiants en médecine qui jouent au football avec des crânes, mais on peut rêver d'un avenir meilleur, batailler face aux démons du monde, sans laisser ces démons nous dévorer de l'intérieur.

Comme l'a dit un jour Eugène Ionesco, « rire, c'est la seule réponse que nous pouvons donner à Dieu face à la blague tragique qu'il a créée ».

Face aux « prédateurs de la liberté de la presse », ces hommes forts autoritaires à la tête d'appareils de répression, comme face aux « tyrannies privées », ces puissantes multinationales capables d'intimider des gouvernements et des parlements, mieux vaut ne pas partir la fleur au fusil.

Un brin d'ironie, voire d'humour, est toutefois une arme utile.

Je n'ai de cesse, avec l'équipe de RSF, de conserver l'optimisme mais aussi un esprit joueur, voire un mauvais esprit.

Il nous arrive d'être provocateurs.

Nous nous amusons souvent avec nos campagnes de publicité, comme celles où l'on voit les dirigeants les plus tyranniques, tels l'Iranien Ahmadinejad, le Syrien el-Assad, le Nord-Coréen Kim, le Russe Poutine en train de faire des bras ou des doigts d'honneur, des gestes très désinvoltes et vulgaires. Ce sont des photomontages, nous ne laissons la place à aucune ambiguïté, mais cela nous permet de montrer à quel point ils se moquent du monde.

Il nous arrive d'être margoulins.

Un jour, pour favoriser la prochaine libération d'un jeune photographe français détenu en Turquie, Mathias Depardon, nous devions attirer l'attention sur son cas en toute urgence, avant un rendez-vous officiel important. Nous n'avions que quelques heures. J'ai demandé à sa mère, qui habitait Bruxelles, de débarquer fissa à Paris pour aller sonner à l'ambassade de Turquie. Nous avions découvert qu'elle serait fermée en ce jour férié, mais la scène a été du plus bel effet devant une rangée de caméras.

Il nous arrive aussi d'être ridicules.

Je me rappelle l'embarras d'avoir convoqué les plus grandes agences de presse pour une opération « coup de poing » sur la reproduction de la statue de la Liberté, sur l'île aux Cygnes à Paris. L'objectif ? À l'occasion de la venue de Trump, nous comptions apposer un bâillon sur la copie de la statue qui incarne l'Amérique. Avec la tour Eiffel en fond, les clichés auraient été des symboles forts, que je voyais déjà en une du *New York Times*. Las, l'équipe d'alpinistes qui devait arpenter la statue de 11,50 mètres sur un socle de près de dix mètres s'était vue réduite à un seul grimpeur. Le voilà qui lance un grappin. Une première tentative échoue, le grappin ne s'élève pas de plus d'un mètre. Une deuxième, puis une troisième. Dix, vingt fois. Rires gênés devant ces tentatives pitoyables. Il nous faudra renvoyer les agences de presse chez elles.

Il nous arrive d'être plus malins.

L'influence suppose d'aborder des gens qui n'ont ni l'envie ni le temps de l'être. Nous avons inventé des méthodes pour mieux nous faire une place dans les cocktails. La technique du « au revoir » est excellente pour s'immiscer dans un groupe de discussion en ayant l'air de la retenue. Plutôt que d'engager la discussion avec une personne que vous ne connaissez pas, au risque de l'importuner, vous la saluez avec un air sérieux comme si vous partiez : « Au revoir ! » Elle se demandera alors qui est cet inconnu qui s'en va, et vous accordera d'autant plus de temps qu'elle pensera vous le voler plutôt que l'inverse.

Il nous arrive carrément d'être à côté de la plaque.

J'ai un souvenir amusé d'avoir tenu un discours plein de lyrisme et de gravité devant le secrétaire général du Conseil de l'Europe Thorbjørn Jagland, à l'époque président du comité Nobel, avant que l'on me dise qu'il ne parlait pas français et n'avait pas compris un traître mot de mon intervention enflammée, puisqu'elle n'était pas traduite.

« On peut sauver le monde sans passer une mauvaise journée », ce principe de bon aloi est donc devenu notre état d'esprit.

Il y a un livre que j'aime bien, rédigé par l'activiste serbe Srđa Popović, qui contribua à faire tomber Slobodan Milošević, le président serbe qui avait déclenché la guerre de Yougoslavie dans les années

1990 : *Comment faire tomber un dictateur quand on est seul, tout petit et sans armes*[1].

Tout un programme.

Le titre en anglais – *Blueprint for Revolution : How to Use Rice Pudding, Lego Men, and Other Nonviolent Techniques to Galvanize Communities, Overthrow Dictators, or Simply Change the World* – est encore plus fort, car il s'agit d'un « plan directeur pour la révolution ». Si on le traduit mot à mot, ça donne : « Mode d'emploi de la révolution : Comment utiliser le riz au lait, les bonshommes Lego et d'autres techniques non violentes pour galvaniser les communautés, renverser les dictateurs ou juste changer le monde. »

L'idée-force, c'est que l'on peut changer le monde si l'on a une vision et si l'on va chercher des petites victoires.

Dans des conflits asymétriques, il existe des techniques du faible au fort, du gros au petit, des « effets de levier » qui permettent de déplacer des montagnes.

Ces armes, nous les avons affûtées, et nous sommes partis à la bataille avec l'esprit de David face à Goliath. Nous imitons le fils du berger dans cet épisode de la Bible et du Coran. Face à lui, un géant de 2,90 mètres, protégé par une cotte de mailles et armé d'une lance de fer.

David lance un caillou avec sa fronde.

Et le géant titube, puis s'effondre.

1. Payot, 2015.

C'est ce que nous voulons faire avec les géants du numérique. Les faire s'effondrer, peut-être pas, mais rendre leur équilibre instable évidemment pour pouvoir les domestiquer.

LE DERNIER HOMME

Le 6 décembre 2021, au siège de l'organisation des Nations unies, sur la presqu'île de Manhattan, l'ambiance n'est pas du tout joyeuse, et rien ne laisse penser que nous allons passer une bonne journée.

Une impression de fin du monde.

Ce bâtiment de béton aux volumes imposants, construit à la fin des années quarante par onze architectes dont Oscar Niemeyer et Le Corbusier, a été déserté par les êtres humains. Après les contrôles de sécurité, personne au poste d'accueil pour guider le visiteur. Grouillant en temps normal, dans le « monde d'avant », le hall tentaculaire, où sont alignés les portraits des anciens secrétaires généraux de l'ONU, est aussi vide qu'une ruine dans un film catastrophe. Tel le « dernier homme » dans une ville sans vie, on marche au milieu des vestiges d'un monde apparemment disparu. Ne restent que quelques hommes en uniforme aux postes de garde, comme dans les États faillis où les seuls individus visibles tiennent les barrages.

C'est ici l'épicentre de la communauté internationale.

La tour de Babel onusienne semble s'être effondrée.

Cette ambiance sinistre n'est pas le résultat d'une explosion nucléaire ni d'une attaque bactériologique, mais d'un virus parti de Chine. Deux ans après les prémices de l'épidémie à Wuhan, alors qu'à Paris la vie a repris, alors que les rues de New York ont en partie retrouvé leur énergie, les fonctionnaires internationaux et les représentants des délégations des 193 États sont chez eux.

En cherchant son chemin au hasard des couloirs et des étages, on tombe sur la grande salle de l'Assemblée générale des Nations unies, avec son décor rutilant, éclairée comme un feu de camp nocturne dans une savane.

Une réunion est en cours.

La vie continue, donc.

Nous avons rendez-vous avec le secrétaire général au 27ᵉ étage dans une grande pièce, meublée comme une salle de conférences d'hôtel. Les tables composent un rectangle si grand qu'il faut activer des micros pour s'entendre.

Nous discuterons à distance de sécurité.

António Guterres est un homme exceptionnel.

Un souvenir me revient. En 2016, au premier rang de la grande salle de l'assemblée générale, comme dans la fosse d'un concert de rock, j'avais assisté aux auditions des candidats au poste de secrétaire général. Une première historique. À leurs pupitres, les postulants ressemblaient aux candidats aux primaires des partis politiques.

L'ancien Premier ministre portugais avait « crevé l'écran ».

À une question d'une ambassadrice de l'ouest de l'Afrique (si je me souviens bien) s'offusquant que les pays africains soient ciblés par la justice internationale plus souvent que les autres, il avait répondu du tac au tac, en jonglant d'une langue à l'autre : « C'est l'honneur de l'Afrique, madame, que d'être le continent dont le plus grand nombre de pays ont ratifié le statut de la Cour pénale internationale. »

Puis il avait conclu : « Le monde entier devrait s'inspirer de l'Afrique. »

Je racontais que cet « animal politique » était la chance du monde, rien de moins. Je pensais qu'il saurait résister à Trump, à Xi Jinping, et pourrait être une forme de guide pour l'humanité.

Espoirs excessifs.

Il m'avait accordé un premier entretien un mois et demi après sa prise de fonction, en février 2017, lors duquel il m'avait parlé de son amour du journalisme, et raconté avoir créé lui-même un journal sous la dictature salazariste au Portugal. Je lui avais demandé de créer un poste de représentant spécial pour mettre en œuvre le droit international sur la protection des journalistes. Sans accéder à ma demande, il avait chargé une membre de son

« cercle intime » de s'en occuper, mais le dispositif n'avait pas été très concluant, malgré des succès, comme pour l'évacuation de journalistes de Deraa en Syrie.

La faute à la présidence Trump aux États-Unis, à la Chine et à la Russie, aux contraintes budgétaires.

Déjà, nous avions parlé des dangers de la désinformation.

En ce mois de décembre 2021, Guterres m'accueille avec chaleur.

Photo officielle devant le drapeau bleu clair de l'ONU, et la discussion peut commencer.

À quatre ou cinq mètres face à moi, dans un français parfait, le secrétaire général déplore les assassinats et les emprisonnements de journalistes. Au cours des vingt dernières années, 1 636 d'entre eux ont été tués du fait de leurs enquêtes ou de leurs reportages. Victimes des « risques du métier » parfois, mais le plus souvent sciemment éliminés.

Je décide d'aborder une menace plus diffuse : « Les prédateurs de la liberté de la presse tuent les journalistes. Les plateformes numériques et les réseaux sociaux tuent le journalisme lui-même. Ce qui est en jeu aujourd'hui, c'est l'avenir du droit à l'information, qui est un droit pour chacun, chaque citoyen, chaque être humain. »

J'ajoute : « C'est tout simplement l'avenir de la démocratie qui est en jeu. »

António Guterres opine de la tête. Il ne se contente pas de travailler sur la crise afghane ou syrienne, pourtant déjà très accaparantes. Il vient de lire un gros pavé de plus de sept cents pages, *L'Âge du capitalisme de surveillance*[1], de Shoshana Zuboff, une universitaire de Harvard avec qui je travaille. Elle analyse la manière dont les plateformes vivent de prédictions sur nos comportements futurs.

Les sociétés technologiques ne se contentent pas de prédire nos actes, elles les suscitent aussi.

« Si je vous envoie un e-mail pour vous proposer de partir aux Caraïbes, deux jours après je recevrai une publicité pour des voyages aux Caraïbes, poursuit Guterres. Quand les plateformes vendent les informations qu'elles ont sur moi pour faire du marketing orienté, nous sommes comme des cobayes. »

Des rats de laboratoire.

Le patron de l'ONU exprime ses « trois sujets de préoccupation majeure » : « Des entreprises privées possèdent nos données personnelles et les revendent à leur guise, sans que nous maîtrisions leur utilisation. Ma deuxième inquiétude, c'est le modèle économique des plateformes. Elles gagnent de l'argent en fonction du nombre d'interactions, ce qui favorise l'extrémisme et les fausses informations. Enfin, on peut vous diffamer sans risque en l'absence de cadre juridique. »

---

1. Shoshana Zuboff, *L'Âge du capitalisme de surveillance*, Zulma, 2020.

Nous sommes sur la même ligne.

« Pour les plateformes numériques, nous avons besoin du même cadre juridique que pour les médias », ajoute-t-il.

Là, je ne suis plus d'accord, et je le lui dis : « Ce serait un tort de considérer que les plateformes numériques et les réseaux sociaux sont la même chose que les médias. Imaginez ce qui se passera si nous donnons au patron de Facebook, qui a près de 3 milliards d'utilisateurs sur la planète, la possibilité d'avoir sa ligne éditoriale. Mark Zuckerberg serait une sorte de "rédacteur en chef du monde". Il faut trouver autre chose. »

Précisément ce dont je suis venu l'entretenir.

António Guterres vient de lancer un programme commun, qui n'a bien entendu rien à voir avec le programme de la gauche française en 1972. Une feuille de route pour réaliser les « objectifs de développement durable », un appel à renouveler le « contrat social » pour rétablir la confiance et la cohésion sociale. Le communiqué qu'il a publié deux mois plus tôt cite en premier la nécessité de « combattre "l'infodémie" de désinformation qui sévit dans le monde », c'est-à-dire l'épidémie de fausses informations, la propagation des *fake news*. Il y a une guerre à laquelle il faut mettre fin, la « guerre contre la science ». Son idée ? « Introduire un code de conduite mondial qui promeut l'intégrité de l'information publique. »

Exactement ce sur quoi nous travaillons depuis trois ans.

Trois semaines plus tôt, l'assemblée générale de l'ONU a adopté une résolution demandant à son président, le Maldivien Abdulla Shahid, d'assurer la coordination du programme commun. Les négociations ont été dures. De manière étonnante, la Chine a été plutôt constructive, mais une série d'États ont tout fait pour bloquer l'adoption : le Pakistan, la Russie, l'Inde, le Brésil, la Syrie et le Nicaragua. Juste avant mon entretien avec le secrétaire général de l'ONU, j'ai rencontré le président de l'assemblée pour engager le travail avec ses équipes.

Le rendez-vous avec António Guterres touche à sa fin. Un coup de fil « très important » l'attend dans sept minutes. Il commente : « Les États eux-mêmes se sont rendu compte que les plateformes avaient plus de pouvoir qu'eux. »

Il y a urgence à agir, avant la « perte de contrôle ».

En tendant le bras vers la porte, l'homme sur les épaules duquel repose la responsabilité de faire vivre la « communauté internationale » lâche une dernière phrase : « Je commence sérieusement à penser qu'il y a une menace plus grave encore pour l'humanité que le réchauffement climatique, et c'est l'intelligence artificielle. »

L'intelligence artificielle, c'est le stade supérieur des algorithmes, quand ils ne se contentent pas d'ingérer des données, d'améliorer le traitement des informations par cet apprentissage massif, mais qu'ils parviennent à s'améliorer eux-mêmes.

Quand ils deviennent une superintelligence.

Ce moment d'explosion de l'intelligence, où la technologie deviendra son propre maître, a un nom :

La Singularité.

Surviendra-t-elle vers 2045, comme l'a annoncé le futurologue Ray Kurzweil, ou encore plus tôt ?

En tout cas, nous ferions bien de tout faire pour éviter l'avènement d'un monstre.

UN MAUVAIS CLIMAT

A priori, la plus grande menace qui pèse sur l'humanité.

Le réchauffement du climat.

En août 2021, le groupe intergouvernemental sur l'évolution du climat (GIEC) publiait le premier volet de son sixième rapport.

Les révélations ? La température globale sur Terre a été supérieure de 1,09 °C entre 2010 et 2020 par rapport à la seconde moitié du XIXe siècle. En un peu plus de cent ans, le niveau des mers s'est élevé de vingt centimètres, « plus vite que lors de n'importe quel autre siècle depuis trois mille ans ». Les glaciers ont fondu comme jamais au cours des deux mille dernières années.

La raison : un niveau de CO_2 à son plus haut par rapport à celui des 2 millions d'années précédentes, et un niveau de méthane et de protoxyde d'azote plus élevé qu'au cours des 800 000 dernières années.

En conséquence, il ne sera sans doute pas possible de limiter la hausse des températures à moins de

1,5 °C par rapport à l'ère préindustrielle, préconisé par l'accord de Paris en 2015. D'ici à la fin du siècle, la température pourrait même augmenter de 2,1 °C à 5,7 °C, en fonction des scénarios.

Une catastrophe annoncée.

Avec le dérèglement climatique, le dérèglement démocratique est en effet l'une des plus grandes menaces pour l'humanité.

Pour endiguer la destruction, nous avons besoin de la même détermination qu'il faut pour éviter une augmentation des températures de plus de 2 °C. L'humanité est censée consentir des efforts intenses pour éviter un dépassement de cette limite, au-delà de laquelle le pire est susceptible de se produire pour l'environnement. Il faudrait la même chose pour la lutte contre le dérèglement démocratique.

La montée de la haine, du complotisme, des manipulations, n'est pas « un phénomène spontané ». Pas plus que l'élévation des températures n'est la conséquence des grands cycles de la Terre.

C'est un produit de l'infrastructure technologique.

Le produit des activités humaines, comme pour le climat.

Nous ne viendrons pas à bout du problème si nous nous contentons de traiter les symptômes. De la même manière que nous ne viendrons pas à bout du réchauffement climatique en achetant des climatiseurs pour rafraîchir l'intérieur de nos bureaux et de nos maisons (aggravant le problème à long terme en nous soulageant à court terme), il ne nous suffira pas de multiplier les opérations de lutte contre la désinformation ou les propos de haine.

Il faut des réponses structurelles, sur les causes, et non pas seulement adoucir les phénomènes.

Un changement systémique.

Pour le climat, il y a des conférences des parties, les COP (la plus fameuse étant la COP 21 de Paris, en 2015, lors de laquelle les participants se sont fixé comme objectif une limitation du réchauffement mondial entre 1,5 °C et 2 °C d'ici à 2100).

Il y a le GIEC, et il y a des engagements d'État.

Il y a Greta Thunberg, aussi, et je suis loin d'être Greta Thunberg.

Je suis « un homme blanc de cinquante ans », mais mes collègues et moi-même avons décidé de retrousser nos manches. Plutôt que de dénoncer le « blablabla » des dirigeants mondiaux avec une candeur adolescente (à mon âge, je serais bien en peine de mimer Greta), je me suis dit qu'il fallait alerter ces dirigeants sur ces sujets éminemment compliqués et leur proposer des solutions « clés en mains ».

À l'automne 2018, je me suis retrouvé devant des chefs d'État et de gouvernement au Forum de Paris sur la paix : Emmanuel Macron, mais aussi la Norvégienne Erna Solberg, le Tunisien Béji Caïd Essebsi, le Canadien Justin Trudeau, le Sénégalais Macky Sall, et d'autres au premier rang, comme le Libanais Saad Hariri.

Un échantillon presque représentatif des leaders des démocraties, en l'absence regrettable de l'Asie, à ce moment-là.

Le « temps de cerveau disponible » des dirigeants étant limité, il convenait de trouver une comparaison, ou une métaphore, pour les convaincre de l'urgence d'en finir avec le chaos informationnel. Alors je me suis lancé dans une comparaison entre le réchauffement climatique et la destruction de l'écosystème de l'information :

« Nous considérons comme nécessaire la création d'un groupe international d'experts pour l'information et la démocratie, à l'instar de ce qu'est le GIEC pour le réchauffement climatique. »

« La comparaison avec le processus sur le climat ne relève pas du hasard. L'écosystème de l'information, comme le climat, est déréglé. »

« Comme pour le climat, il y a pour l'information et la démocratie un risque de spirale et d'emballement. »

« Le point de rupture est proche. »

Le réchauffement du climat, c'est une *inconvenient truth*, une vérité qui dérange, selon le titre du film documentaire de l'ancien vice-président américain Al Gore[1].

Le chaos informationnel, c'est la même chose.

En ouverture de son discours au quatrième Sommet de la Terre, en 2002 à Johannesbourg, en Afrique du

1. *Une vérité qui dérange* (*An Inconvenient Truth*), réalisé par Davis Guggenheim, 2006.

Sud, le président Jacques Chirac avait lâché cette phrase devenue historique : « Notre maison brûle, et nous regardons ailleurs. »

Trois ans jour pour jour après le premier Forum de Paris pour la paix, fin 2021, l'Élysée m'invite à intervenir devant les 43 chefs d'État ou de gouvernement réunis en présence de la vice-présidente américaine Kamala Harris, qui effectue son premier voyage officiel en Europe. Je prends la parole après la présidente de la Commission européenne, le président de Microsoft et le Premier ministre canadien.

« Nous ne pouvons pas attendre que le terrain démocratique brûle. »

J'insiste : « Il nous faut éteindre l'incendie avant qu'il ne s'étende. »

La maison démocratique brûle, et nous regardons trop souvent ailleurs. Oui, nous nous perdons dans des débats futiles, des polémiques stériles, tandis que des régimes despotiques fomentent la domination du monde, tandis que les actionnaires des sociétés technologiques encaissent leurs dividendes sans considération pour l'avenir de la démocratie et des droits humains. Comme pour le climat, il faudra venir à bout des lobbyistes, de tous ces agents d'influence stipendiés qui veulent nous faire croire que le problème est le produit de notre imagination.

Les spécialistes de la communication ont renommé le « réchauffement climatique » en « changement climatique ». Ainsi ont-ils réussi à retarder la perception de la gravité du problème. De la même manière, des armées de *spin doctors* font leur possible pour anesthésier nos capacités de résistance face aux plateformes numériques.

Les deux grands dérèglements, le climatique et le démocratique, sont liés, et se nourrissent. Les technologies numériques utilisent 10 % de l'électricité mondiale et sont responsables de près de 4 % des émissions globales de CO_2 dans l'atmosphère[2].

Si le réchauffement climatique détruit les sociétés, assurer l'avenir de la démocratie sera encore plus compliqué. Certains se demandent déjà s'il ne faudra pas des régimes autoritaires pour régler la question climatique.

2. Guillaume Pitron, *L'Enfer numérique, voyage au bout d'un like*, Les Liens qui Libèrent, 2021.

EXPLOSION DÉMOCRATIQUE

La « destruction des démocraties ».

Cessons de tourner autour du pot, de nous cacher derrière des euphémismes comme « fragilisation des valeurs démocratiques » ou « réduction de l'espace de la société civile » : ce que nous risquons, c'est bien un démantèlement de la démocratie, voire une explosion.

Atomique, disait Maria.

Il y a seulement trente ans, nous avons cru que la démocratie libérale était en train de l'emporter à plate couture sur les dictatures.

Mais tout ne s'est pas passé comme prévu.

En 1992, trois ans après la chute du Mur de Berlin, l'économiste et politologue américain Francis Fukuyama publiait un ouvrage célèbre, *La Fin de l'histoire et le dernier homme*[1], dans lequel il envisageait la supériorité définitive de la démocratie

1. Francis Fukuyama, *La Fin de l'histoire et le dernier homme*, Flammarion, 1992.

libérale, en tout cas de « l'idée » du libéralisme. Loin des caricatures qui en ont été faites, le livre était une analyse brillante et profonde de l'évolution politique, fondée sur une relecture du philosophe allemand Hegel, celui qui avait développé le concept de « ruse de l'histoire » et de « dialectique du maître et de l'esclave ». Fukuyama racontait « l'histoire universelle de l'humanité » en considérant que le facteur principal était la « lutte pour la reconnaissance », le désir de chacun d'être reconnu au moins comme l'égal des autres.

Si, aux yeux de Fukuyama, la démocratie ne constitue pas le meilleur système pour la croissance économique, elle est en revanche le régime politique qui assure la meilleure répartition de la reconnaissance.

Ainsi, l'aspiration démocratique de l'humanité semblait assurée.

Le problème, c'est qu'Internet, et plus encore le Web, allaient se substituer à la démocratie comme élément central de cette « lutte pour la reconnaissance », et cela, Fukuyama ne pouvait pas l'imaginer.

Il ne pouvait pas deviner que les individus combleraient leurs besoins narcissiques en faisant connaître sur les réseaux sociaux leur vie intime, leur corps, leurs pensées immédiates.

Que le *selfie* allait remplacer le bulletin de vote ou l'engagement politique.

Que la quête du *retweet* allait remplacer l'effort méritocratique.

La courbe des démocraties allait se retourner.

À l'époque, la montée de la démocratie semblait inéluctable : de 3 pays à régime démocratique en 1790 (les États-Unis, la France et la Suisse), on était passé à 22 en 1919, à 35 en 1960 et 61 en 1990.

En deux siècles, le nombre de démocraties avait été multiplié par vingt, et avec le démantèlement de l'Union soviétique et de son empire, une accélération de la démocratisation se dessinait.

Inventé en 1990 par un ingénieur du CERN à Genève, Tim Berners-Lee, le projet hypertexte devenu le Web se démocratisa en 1992 avec l'invention du langage de balisage HTML.

C'est le moment où la courbe de la progression démocratique s'infléchit puis se retourna. En quelques années, une vingtaine de pays repartirent dans le sens inverse de ce que nous croyions être le « sens de l'histoire ».

À partir de l'an 2000, la Russie de Vladimir Poutine, la Turquie de Recep Tayyip Erdoğan, les Philippines de Rodrigo Duterte, l'Équateur de Rafael Correa, et on en passe, basculent dans des régimes plus ou moins autoritaires[2].

Au cœur de l'Union européenne, Viktor Orban en Hongrie et les frères Kaczyński en Pologne parviennent à éliminer les contre-pouvoirs.

Aux États-Unis, la démocratie s'effrite tout au long de la présidence Trump et vacille le 6 janvier 2021,

2. Steven Levitsky et Daniel Ziblatt, *La Mort des démocraties*, Calmann-Lévy, 2019.

quand, après quatre ans de mensonges et de haine, des militants envahissent le Capitole comme une horde de Cosaques.

L'International Institute for Democracy and Electoral Assistance (IDEA) a montré que la pandémie de Covid-19 a exacerbé les menaces sur les démocraties du fait de l'imposition de lois d'urgence et d'exception, de la propagation de la désinformation, et la répression contre les médias indépendants. En 2021, plus de pays que jamais souffrent d'« érosion démocratique », entendue comme un déclin de la qualité de la démocratie. Y compris dans des démocraties établies.

Dans le même temps, le nombre de pays subissant un « recul démocratique », une forme sévère et délibérée d'érosion démocratique, n'a jamais été aussi élevé qu'au cours de la dernière décennie. L'atteste l'évolution inquiétante de puissances géopolitiques et économiques telles que les États-Unis, le Brésil et l'Inde.

Au cours des cinq dernières années, vingt démocraties sont devenues des régimes autoritaires, dont trois durant la seule année 2021 (l'Afghanistan, la Birmanie, le Mali). Seulement sept pays effectuaient le trajet inverse vers la démocratie. Le panorama ne porte pas à l'optimisme : plus d'un quart de la population mondiale vit désormais dans des pays en recul démocratique. Au total, si l'on ajoute les populations de régimes totalement non démocratiques, plus des deux tiers de la population mondiale ne jouissent pas pleinement de l'exercice démocratique[3].

Ce n'est pas seulement à une destruction des démocraties que nous assistons, c'est à une destruction de l'esprit démocratique.

Selon l'étude sur les valeurs dans le monde World Values Survey, aux États-Unis et en Europe, une personne sur six pense que nous irions mieux si l'armée était au pouvoir, alors que c'était une sur seize au milieu des années quatre-vingt-dix[4]. Ce pourcentage augmente plus chez les riches que chez les personnes modestes.

Si l'imaginaire collectif associe jeunesse et soif démocratique, la recherche ne valide pas cette perception : 90 % des Américains de plus de soixante ans pensent qu'il est inadmissible d'accepter un pot-de-vin, mais seulement moins de 60 % des dix-huit à vingt-neuf ans sont de cet avis.

Les démocraties sont en danger, y compris celles que l'on croyait inébranlables.

---

3. « Building Resilience in a Pandemic Era, The Global State of Democracy Report 2021 », International Institute for Democracy and Electoral Assistance (IDEA), 2021.

4. Voir World Values Survey et « The Danger of Deconsolidation : The Democratic Disconnect », Roberto Stefan Foa, Yascha Mounk, *Journal of Democracy*, volume XXVII, Number 3, July 2016, p. 5-17.

BIDEN & CO

Par hasard, la semaine de décembre 2021 où je rencontre António Guterres, entre la fête de Thanksgiving et Noël, le président des États-Unis Joe Biden tient une promesse formulée pendant la campagne électorale : la Maison-Blanche organise une grande conférence sur la démocratie.

Un message fort, après quatre ans de présidence Trump, de coups de menton intempestifs notamment vis-à-vis des alliés, de propagations farfelues de *fake news* pour clamer que les États-Unis redeviennent les « leaders du monde libre ».

Cent dix États ont été invités. Un cercle assez large, dont le contour a été dessiné pour ne pas nuire aux intérêts diplomatiques de Washington.

Le président brésilien Jair Bolsonaro, le Premier ministre indien Narendra Modi, le président des Philippines Rodrigo Duterte, et au sein même de l'Union européenne, le président polonais Andrzej Duda, ne sont pas des parangons de vertu démocratique, mais cela ne les empêche pas de figurer à l'agenda des festivités.

Un détail : ce sommet est en « visio ».

En virtuel.

Tout un symbole.

Un sommet « en présentiel » est prévu à Washington fin 2022.

De l'extérieur, les États-Unis affichent leur assurance. En réalité, les équipes de la Maison-Blanche sont tétanisées. Dans les coulisses, les préparatifs ont été chaotiques. L'administration Biden marche sur des œufs, voire des charbons ardents. La démocratie américaine est en lambeaux, et le sujet demeure soigneusement à l'écart de l'ordre du jour.

Pendant longtemps, on a raconté une blague :

« Vous savez pourquoi il n'y a jamais eu de coup d'État à Washington ?

— Non.

— Parce qu'il n'y a pas d'ambassade américaine. »

La blague est caduque. L'ère des putschs de la CIA en Amérique latine est passée, et surtout, il y a eu une esquisse de coup d'État à Washington, le 6 janvier 2021, quand le président Donald Trump, le dernier jour de son mandat, récusant contre toute évidence le résultat des élections, a appelé ses partisans à marcher sur le Congrès : « Vous ne reprendrez jamais notre pays avec faiblesse. Vous devez montrer de la force. » Injonction à l'insurrection sur Twitter : « Soyez là, ce sera sauvage ! »

L'appel au coup de force avait pour objectif explicite d'empêcher la certification des résultats de l'élection. Alors que le Congrès siégeait, les émeutiers parvinrent à franchir les barrages de sécurité. À l'intérieur, c'était la panique. Les parlementaires de « la plus grande démocratie du monde » étaient à portée de lynchage des militants pro-Trump. Assis sur le siège de la dirigeante du groupe démocrate, Nancy Pelosi, un insurgé écrivit sur le bureau : « Nous ne renoncerons pas. » Coiffé de cornes de bison, le « chaman » de la QAnon, la secte complotiste qui prospère sur les réseaux sociaux, déambulait dans les couloirs du Capitole. Un putsch folklorique qui fera quatre morts parmi les insurgés.

Moins d'un an plus tard, le putschiste en chef, lui, est en liberté, et on parle déjà d'une possible seconde élection.

Finalement, une seule mesure a été prise contre Donald Trump, par Facebook et Twitter : ses comptes sur les réseaux sociaux ont été suspendus.

Les compagnies privées lui ont coupé le robinet à mensonges dans les dernières heures de sa présidence.

Un naufrage.

Le 28 avril 2021, je participe à une réunion à distance avec le secrétaire d'État des États-Unis, Antony Blinken. Nous sommes cinq dirigeants d'organisations de défense des droits, trois Américains, une Canadienne et moi, à exposer nos revendications.

J'affirme tout de go que les plateformes numériques et les réseaux sociaux (américains), qui sont l'infrastructure de notre nouvel espace public, sont l'un des facteurs de fragilisation des démocraties.

« Dans le passé, des garanties démocratiques étaient établies au niveau national dans les constitutions, la régulation des médias et l'éthique journalistique. Ces protections ne sont plus effectives à l'ère numérique. »

Elles ont été balayées.

« Notre génération doit construire un nouveau système de garanties. »

Pour mettre fin au chaos informationnel.

Le « chaos » ou « désordre informationnel » ou la « jungle informationnelle » : autant de jolis noms pour décrire cet espace numérique sans foi ni loi, ces réseaux sociaux où l'on s'insulte et se refile les rumeurs, qui agissent comme ils l'entendent, en dehors de tout cadre démocratique.

Le principe de la « loi de la jungle », c'est que le plus fort s'impose.

Dans la jungle informationnelle, les prédateurs de la liberté de la presse et de la démocratie se sentent dans leur élément naturel.

Je présente alors nos propositions et nos actions au chef du Département d'État, notamment l'Initiative sur l'information et la démocratie que nous avons lancée, et qui nous a permis de réunir quarante-deux gouvernements démocratiques pour lutter contre la désinformation et sécuriser le droit à l'information en développant des solutions systémiques au « chaos informationnel ».

« *I'm intrigued, Christophe* », rétorque Blinken.

En anglais, le sens de l'expression est entre « je suis intrigué » et « je veux en savoir plus ».

Au cours des semaines et des mois qui suivront, nous échangerons régulièrement avec l'équipe de la Maison-Blanche en charge de l'organisation du Sommet, au sein du Conseil de sécurité nationale (NSC). Sous l'autorité directe du président, cette entité administrative est en charge des questions stratégiques, notamment sur la politique étrangère. Au cours d'un rendez-vous en terrasse d'un café aux abords de la Maison-Blanche, vu qu'il est impossible d'y entrer du fait de l'épidémie, ou lors de nombreuses visioconférences souvent animées par la directrice de notre bureau de Londres, Rebecca Vincent, nous leur présentons nos projets et développons nos idées.

Dès le début de son discours introductif du « Day 0 », la veille de l'ouverture officielle du Sommet, Antony Blinken cite nos statistiques sur le nombre de journalistes en détention dans le monde, mais pas un mot sur les sociétés technologiques.

À ce sommet, ce sont les absentes de marque.

Alors même qu'elles sont parmi les responsables évidentes de la déliquescence démocratiques, le sujet est occulté.

En juillet 2021, à la sortie de Camp David, Joe Biden n'avait pourtant pas mâché ses mots à propos des plateformes qui propagent de la désinformation sur l'épidémie de Covid : « Elles tuent des gens ! »

Quelques jours plus tard, il s'était plus ou moins rétracté, en affirmant que ce n'était peut-être pas Facebook qui tuait des gens mais les propagateurs de fausses informations sur la plateforme : « J'espère que Facebook, au lieu de prendre personnellement mes propos sur le fait qu'ils tuent des gens d'une manière ou d'une autre, fera quelque chose contre la désinformation, la désinformation scandaleuse sur le vaccin. »

Moi, j'espérais que pour le Sommet pour la démocratie, Joe Biden inviterait les plateformes numériques à prendre des engagements drastiques, qu'il les contraindrait, même.

Mais il n'a pas osé les convoquer. Dommage, car nous avons vraiment besoin des autorités américaines.

L'ORDRE DE PÉKIN

Pourtant furieux, les dirigeants chinois s'amusent comme des petits fous.

Trois jours avant le Sommet pour la démocratie de Biden, où Taïwan a été invité, l'Institut des études financières de l'université du Peuple à Pékin publie une plaquette pour répondre à « dix questions sur la démocratie américaine[1] ».

Il allègue que les États-Unis ont conduit 392 interventions militaires depuis 1880, que 50 millions d'Américains souffraient d'insécurité alimentaire fin 2020, que l'on déplore chaque année 38 000 morts par armes à feu dans le pays, que 52 % des électeurs de Trump et 42 % de ceux de Biden pensent qu'on ferait vraiment mieux de séparer les États rouges des bleus.

Ce pays où « le pouvoir sert le capital », où « la loi de la minorité a métastasé comme un cancer »,

1. *Ten Questions for American Democracy*, Chongyang Institute for Financial Studies, Renmin University of China, 2021.

et « où les tactiques des responsables politiques dépassent de loin celles de la série télévisée *House of Cards* », est au bord de l'explosion.

La surcharge de liberté conduirait à une guerre culturelle qui « épuise l'énergie et gaspille les ressources ». De l'avis de 59 % des Américains, les journalistes trompent délibérément le peuple, et 64 % d'entre eux considèrent que les réseaux sociaux ont « un effet négatif sur la direction des États-Unis ».

À l'inverse, selon un livre blanc publié par le gouvernement chinois, le régime politique de Pékin serait *Une démocratie qui marche*[2].

L'incipit : « La démocratie est une valeur commune de l'humanité et un idéal qui a toujours été chéri par le Parti communiste de Chine et le peuple chinois. »

Démocratie, je chéris ton nom.

Beau comme le poème de Paul Éluard.

Le rapport promeut la démocratie aux « caractéristiques chinoises », fondée sur « le statut du peuple en tant que maître du pays ». Une démocratie sans séparation des pouvoirs, sans respect des libertés publiques, ni possibilité pour chacun de se présenter aux élections.

« La démocratie doit être jugée par son peuple et non pas dictée par un petit nombre d'étrangers. » On a tout de même du mal à garder son sérieux en

2. *China : Democracy That Works*, The State Council Information Office of the People's Republic of China, 2022.

lisant ces phrases sentencieuses, vu que le peuple de Chine n'a que le droit d'acquiescer.

La « dictature démocratique » a produit une « série de miracles », la « stabilité de long terme », l'éradication de la pauvreté absolue et le développement économique, et « ainsi gagné le soutien de l'écrasante majorité du peuple chinois »[3].

Pardon ?

Messieurs les membres du Bureau politique et du Comité central du PC chinois, pouvez-vous nous dire quand et comment vous avez posé la question au peuple ?

Vous lui intimez chaque jour le silence, depuis plus de soixante-dix ans.

Dans le pays, placé au 177e rang sur 180 au classement 2021 de la liberté de la presse publié par RSF, des dizaines de journalistes et de blogueurs sont emprisonnés pour avoir recueilli ou diffusé des informations qui déplaisent au Parti. Un système de censure technologique limite les informations accessibles aux 800 millions d'internautes chinois et un appareil sophistiqué de propagande et de surveillance réduit encore leurs possibilités de s'informer librement.

Pour Xi Jinping, la mission des journalistes chinois devrait se résumer à relayer la propagande du Parti.

3. « Soyons vigilants à la manipulation politique derrière le "Sommet pour la démocratie" », communiqué de l'ambassade de Chine en France, 8 décembre 2021.

En 2016, lors d'une visite d'inspection de l'audiovisuel d'État, le président chinois n'a-t-il pas appelé les journalistes à « aimer le Parti, à le protéger et à suivre fidèlement sa direction en pensée, en politique et en actes » ?

L'article 35 de la Constitution a beau garantir « la liberté de parole, de presse », le prix Nobel de la paix Liu Xiaobo, qui réclamait précisément ces libertés, a payé cette audace de sa vie : privé de soins, il est mort en détention. Xi est parvenu à imposer sa vision totalitaire dans le pays.

Le livre blanc de soixante-dix pages propose « un nouveau modèle de démocratie ».

Un merveilleux modèle de despotisme 2.0 où le système de « notation sociale » permet de contrôler les faits et gestes de tous les Chinois, et de les sanctionner s'ils s'avisent de sortir du droit chemin, un éden où tout opposant au Parti communiste finit en prison, un paradis où un million de Ouïgours sont astreints à des travaux forcés dans des camps au Xinjiang.

Nous sommes en plein *1984* de George Orwell.

Dans ce roman, la novlangue remplace les concepts par leurs contraires.

Ainsi le communiqué du 8 décembre 2021 affirme que « la démocratie populaire (...) permet au peuple de jouir pleinement du droit à l'information, à l'expression et à la supervision, et d'y participer dans l'ensemble du processus ».

Une fumisterie.

Ce pays a en effet une vision pour le futur de l'information, et cette vision, qui s'impose à tous, est éminemment dangereuse.

Au pouvoir depuis 1949, le Parti communiste, avec ses dizaines de millions de membres et son appareil de répression, ne se contente pas d'une machine de contrôle strict des médias et des sociétés numériques du pays. Le projet de Xi Jinping, le tout-puissant secrétaire général du Parti, c'est d'instaurer un nouvel ordre mondial de l'information.

« Aux caractéristiques chinoises », là encore.

En novembre 2018, en ouverture de la 5e Conférence mondiale de l'Internet dans la ville touristique de Wuzhen, l'agence de presse d'État Xinhua a mis en scène un présentateur de télévision récitant des textes de propagande. Un présentateur ayant figure humaine, mais en réalité virtuel[4].

L'intelligence artificielle aux ordres du pouvoir.

Le projet de « nouvel ordre mondial des médias », moins connu que celui des nouvelles routes de la soie, mais aussi ambitieux, suppose une « guerre médiatique ». Dès 2003, le président de l'agence officielle Xinhua, Li Congjun, a établi que cette notion est une part intégrante de la stratégie de l'armée de libération du peuple. Le haut fonctionnaire, qui a depuis rejoint le comité central du Parti, critiquait un ordre mondial obsolète dans lequel l'information

4. « Le nouvel ordre mondial des médias selon la Chine », Reporters sans frontières (RSF), 2019.

circule, selon lui, uniquement « d'Ouest en Est, du Nord vers le Sud, et des pays développés aux pays en développement ».

S'appuyant sur une recommandation émise par l'Unesco en 1980, Congjun réclamait que les médias du monde deviennent « une force active de promotion du progrès social ».

Un progrès, bien entendu, aux « caractéristiques chinoises ».

Dans ses discours, Li Congjun ne cesse d'employer les termes « industrie des médias » et « communication de masse », sans utiliser le mot « journalisme ». Pas anodin : faire des médias un vecteur d'influence au service des États signe, de fait, l'arrêt de mort du contre-pouvoir qu'ils peuvent représenter.

Pékin dépense sans compter : modernisation de l'audiovisuel extérieur ; entrée dans le capital de médias étrangers ; achat massif de publicités ; invitation en Chine, tous frais payés, de journalistes du monde entier via de luxueux programmes de formation, en contrepartie d'une couverture médiatique favorable... Le régime s'est offert ses propres événements internationaux pour mieux promouvoir sa vision répressive de l'information.

En 2009, les autorités chinoises ont créé le World Media Summit, parfois qualifié de « Jeux olympiques des médias », entièrement conçu, organisé et financé par l'agence officielle Xinhua. En 2014, la Chine a aussi lancé la Conférence mondiale de l'Internet, où des milliers d'entrepreneurs d'une centaine de pays défilent chaque année.

Nous ferions bien de nous réveiller avant qu'il ne soit trop tard, et de faire en sorte que la Chine change avant qu'elle ne nous change, en nous imposant son nouvel ordre technologique.

CONCURRENCE DÉLOYALE

Un spectre hante les démocraties.

C'est celui du théâtre d'ombres numérique et de la conflictualité virtuelle. Une menace de désagrégation interne et d'affaiblissement externe.

En 1920, entre les deux Guerres mondiales, l'un des fondateurs de l'hebdomadaire libéral *The New Republic*, Walter Lippmann, écrivait dans son essai *Liberty and the news* : « Au sens strict, la crise actuelle de la démocratie occidentale est une crise du journalisme. »

Membre de la garde rapprochée du président Wilson, Lippmann a été marqué par ce qu'on appelle en France « la guerre de 14 » : témoin des campagnes du Committee on Public Information qui désinformait le public américain, il a compris à quel point, dans les journaux, les élans patriotiques pouvaient prendre le dessus sur la vérité. Il dénonça les dérives d'un journalisme partisan servant les croisades des magnats de la presse.

À l'ère de Fox News aux États-Unis et de C News en France, qui pourrait prétendre que les médias ne ressemblent plus du tout *à ça* ?

Pire, la logique partisane est une composante essentielle de la matrice des réseaux sociaux. Le *sponsoring* des contenus, la corruption des « influenceurs », la publicité déguisée, et surtout l'affichage énervé de vos convictions et croyances est ce qui vous y fait exister.

À côté, le journalisme *mainstream* passe pour tiède.

Et la masse combative vomit les tièdes.

En 1922, dans *Public Opinion*, Walter Lippmann évoquait pour la première fois la notion de « fabrique du consentement », qui serait reprise par Noam Chomsky.

Pour Lippmann, les journalistes sont des intermédiaires nécessaires à la démocratie. Faute de temps et d'informations, les capacités cognitives des citoyens sont limitées. Pour appréhender la complexité de la réalité politique et sociale, ils ont besoin d'une simplification, d'une stéréotypie des faits, et le journalisme sert à cela.

Informer, étymologiquement, c'est mettre en forme.

Sans qu'il soit nécessaire de souscrire pleinement à la pensée de Lippmann, réaliste à la frontière de l'élitisme et du cynisme, force est de reconnaître que les journalistes peuvent être des filtres, des traducteurs pour informer sur les politiques publiques et les choix des dirigeants. Les citoyens, eux, s'expriment par le vote, et le journaliste fait figure de lien entre les élites et le peuple.

Ce n'était pas un système parfait, bien entendu, ne serait-ce que parce que le filtre en question pouvait être l'objet d'une « capture » par les propriétaires de médias, qui faisaient partie des « heureux du monde » et avaient la capacité d'influencer les lignes éditoriales, quand ils ne les dictaient pas. Mais tout de même, la professionnalisation du journalisme engagée à la fin du XIXe siècle et le développement des chartes éthiques et déontologiques, en plus des lois sur l'indépendance et le pluralisme de l'information, donnaient une certaine pertinence à ce filtre.

La démocratie est un processus, comme le journalisme. Elle est fondée sur des corps intermédiaires, comme le journalisme.

Et voilà que soudain, il n'y a plus de médiation.

Chacun peut diffuser ses contenus directement. L'appareil d'État, les entreprises, les groupes religieux, les individus, tout le monde peut communiquer directement, sans passer par le filtre journalistique.

Ce filtre, avec ses avantages et ses défauts, n'existe plus.

Dans l'écosystème de l'information de ce début de XXIe siècle, les barrières entre les champs de l'expression ont sauté. Dans le monde d'hier, pour reprendre le titre d'un livre de Stefan Zweig décrivant le monde rêvé d'avant la Première Guerre mondiale, il y avait un lieu pour la réflexion intellectuelle (l'université), un lieu pour la délibération publique (les médias ou les réunions locales), un lieu pour la conversation familiale (la table du dimanche), un lieu pour les secrets intimes (la chambre ou la salle de bains).

Le particulier qui radotait seul sur ses animaux de compagnie, l'automobiliste qui proférait des insultes depuis l'habitacle de son véhicule, le chanteur amateur donnant de la voix sous sa douche, quiconque voulait dévoiler ses états d'âme ou ses charmes, tous ceux-là restaient cantonnés à une sphère privée ou à un écho très limité, autour d'eux.

L'homme politique démagogue qui enfilait les mensonges comme des perles, l'hurluberlu à l'esprit enfumé qui échafaudait des théories grotesques, le militant extrémiste et haineux, l'agent secret étranger en charge d'opérations de déstabilisation, tous demeuraient aux marges du débat public, à de rares exceptions près.

Avec le Web, voilà qu'ils ont accédé au cœur du système.

Sur le Web, tout est en concurrence directe.

La propagande politique.

La publicité.

Les insultes.

Les rumeurs.

Les vidéos de chats.

Le journalisme de bas étage.

Le journalisme de qualité.

L'article scientifique.

Le témoignage direct.

Au consommateur de faire ses choix.

Pour paraphraser la loi de Gresham, « la mauvaise information chasse la bonne », de la même manière que la mauvaise monnaie chasse la bonne. Selon une étude du Massachusetts Institute of Technology (MIT), le potentiel viral des fausses allégations est six fois supérieur à celui des informations véridiques. Bref, l'information fiable est étouffée quand le mensonge, les passions et la manipulation sont amplifiés.

Professeur à Harvard, Yasha Mounk a parfaitement analysé le délitement démocratique. Pour lui, la démocratie était fondée sur trois facteurs.

Premier facteur : l'augmentation rapide du niveau de vie.

Deuxième facteur : l'existence d'une culture commune.

Troisième facteur : un espace public qui favorise la fiabilité et le pluralisme de l'information, et limite la propagation de l'extrémisme.

« La domination de médias de masse limitait la diffusion des opinions extrêmes, contribuait à l'établissement d'un ensemble partagé de faits et de valeurs, et ralentissait la dissémination des fausses informations[1]. »

Même quand il ne fabriquait pas du consensus, le système médiatique structurait les oppositions idéologiques, il donnait forme aux contradictions de la société.

1. Yascha Mounk, *Le Peuple contre la démocratie*, éditions de l'Observatoire, 2018.

CONCURRENCE DÉLOYALE

La matrice, l'infrastructure du débat politique, nous obligeait à débattre, elle nous incitait à échanger des arguments. Maintenant, elle nous incite plutôt à disqualifier ceux qui ne sont pas d'accord avec nous. Comment s'étonner de la polarisation ?

LE TABLEAU DE GOYA

Depuis longtemps, je m'étais promis d'aller au musée du Prado, à Madrid, pour admirer un tableau de Goya dont le philosophe Michel Serres parle en introduction de son livre *Le Contrat naturel*[1].

Goya, le peintre qui a si bien transposé sur la toile les atrocités et l'espérance.

Un tableau produit à la fin de sa vie, au début du XIXe siècle, illustre à mon sens la situation des démocraties.

Il s'intitule *Duel au gourdin.*

En légère contre-plongée, on y voit deux hommes face à face qui se combattent avec des bâtons, dans un paysage paisible. Au fond, les montagnes et les nuages sont massifs, imposants. Les deux hommes, à distance d'embrassade, mettent toute leur énergie à se donner des coups. Ils ont les yeux plongés dans ceux de l'autre, avec une allure où ne se lit pas la haine, comme s'ils étaient obligés de combattre.

1. Michel Serres, *Le Contrat naturel*, Flammarion, 1990.

L'un d'eux saigne déjà au visage. C'est probablement une lutte à mort, une lutte fratricide, et les exégètes de Goya y ont vu un combat entre deux Espagne, entre les libéraux et les absolutistes.

Il y a un détail qui ne saute pas immédiatement aux yeux, mais qui est peut-être le sujet du tableau : les jambes des duellistes sont enterrées dans ce qui semble être de la boue, ou des sables mouvants.

Duel au gourdin, c'est à mes yeux la métaphore de notre débat public.

Un débat public où l'on s'envoie des quolibets et des insanités à la figure, où l'on s'inflige des blessures à coups d'accusations et de dénonciations, où les combattants sont obsédés les uns par les autres, sans avoir conscience que la menace réelle n'est pas leur adversaire, leur interlocuteur, mais les sables mouvants dans lesquels nous nous enfonçons.

Le sable, c'est du silicium.

Les sables mouvants, c'est l'espace numérique.

De la même manière que les femmes et les hommes sur Terre feraient bien de s'aviser que nous vivons sur la même planète, et que le réchauffement du climat aura un impact sur nos vies à tous, de même nous, citoyens des démocraties, ferions bien de prendre conscience que nous avons une chance infinie de pouvoir exprimer nos différends, porter nos demandes, gérer les contradictions de nos sociétés, parce que nous avons un terrain sur lequel marcher, qui s'appelle l'espace public.

Comme dans le tableau de Goya au Prado, la droite et la gauche, les « libéraux » et les « populistes », les progressistes et les conservateurs, les riches et les pauvres, les citadins et les ruraux, les Gilets jaunes et les autres, et vice versa, tous ceux qui s'opposent les uns aux autres peuvent être tentés de se donner des coups, de ne rien regarder d'autre que ce conflit qui les anime, de régler leurs comptes avec leurs ennemis préférés.

Mais si nous continuons à nous enfoncer dans les sables mouvants, nous aurons perdu ce que nous avons en commun et qui s'appelle la démocratie.

Nous aurons fait le lit de ceux qui en profitent, les dirigeants des plateformes numériques comme Mark Zuckerberg et les potentats des régimes despotiques comme Xi Jinping.

Est-ce ce que nous voulons ?

Qu'est-ce que la démocratie ? Un mode de collaboration, pour ne pas être seuls face aux fracas du monde. La démocratie repose sur la délibération, l'élection, la décision et la reddition des comptes. L'alliance de logiques contraires, celles du collectif et de l'individu, afin d'éviter le règlement des différends par la violence ou l'oppression.

Une phrase attribuée à Churchill, en réalité imaginée par le dialoguiste français Henri Jeanson, en est une excellente définition : « La démocratie, c'est quand on sonne chez vous à six heures du matin… et que c'est le laitier. »

Pas la Gestapo, ou le Guépéou, ou n'importe quelle milice à la solde d'un despote qui vous embarque pour vous faire taire. Non, un livreur avec qui vous pouvez engager la discussion. La démocratie donne la possibilité de débattre, de discuter, sans bruits de bottes ni violences. Malheureusement, nous avons de plus en plus de mal à faire la conversation au laitier s'il n'est pas d'accord avec nous.

Nos sociétés deviennent comme des archipels d'îlots séparés, des puzzles en vrac. Comme de la limaille de fer autour d'aimants, les gens s'alignent derrière des pôles opposés, prêts à en découdre. Dans la société américaine, qui est généralement en avance de vingt ou trente ans sur le reste du monde, les gens ne se comprennent plus. Ils voudraient habiter dans des pays différents.

Nous observons tous cette évolution, où les démocraties semblent se figer dans des guerres froides intérieures, avec l'inquiétude qu'un missile verbal ou physique déclenche un conflit ouvert.

Au début du mandat de Trump, j'entends le correspondant du *New York Times* dans un pays européen annoncer, à propos de ses concitoyens qui avaient voté pour Donald Trump : « Nous ne leur reparlerons plus jamais. » Un propos sinistre.

Dans les conférences où je me rends, j'observe de plus en plus souvent des orateurs affirmer qu'ils défendent la démocratie, mais en considérant que tous ceux qui ne leur ressemblent pas ne sont pas dignes d'être reconnus comme démocrates. Pour les libéraux, les « populistes » seraient par définition des ennemis de la démocratie. Pour les « populistes », les libéraux seraient tous des suppôts des oligarques.

Bien entendu, nous ne sommes pas tous d'accord.

Nous ne sommes même pas forcés de nous aimer.

Mais nous avons la chance de ne pas être réveillés par des miliciens à 6 heures du matin.

Et disposer d'un terrain sur lequel nous pouvons nous opposer les uns aux autres sans risquer la prison, avoir la possibilité de désaccords sans risques pour notre liberté, cela n'a peut-être l'air de rien tant nous y sommes habitués, mais c'est un bien commun précieux.

Un bien commun que personne ne devrait pouvoir s'approprier.

Au temps des *enclosures* en Angleterre, à partir du XIIe siècle, les seigneurs ont accaparé les terres. Les terrains qui étaient à personne, à tout le monde, sont devenus leurs « propriétés ». De la même manière, les sociétés technologiques imposent leurs normes. Leur périmètre a recouvert celui de nos domiciles et de nos démocraties. Vous vivez chez elles, tout en vous croyant sur votre canapé. Vous débattez sur leur terrain.

Il n'y a pas eu de chars d'assaut dans les rues, mais nous avons été mis devant le fait accompli.

Partie III

LE COUP D'ÉTAT NUMÉRIQUE

UN PUTSCH TRÈS DISCRET

Il y a une expérience amusante, pour laquelle il n'est pas besoin de laboratoire ni de tube à essais. En guise de cobaye, il suffit d'un parlementaire. Devant elle ou lui, vous prononcez une phrase et attendez sa réaction. La phrase magique : « Ce ne sont plus les parlementaires qui font la loi, mais les sociétés numériques. »

Ce ne sont plus les représentants du peuple qui exercent la fonction législative, mais des gens que nous ne connaissons pas, habitant Palo Alto ou Berkeley, qui perçoivent des salaires mirifiques et servent les intérêts d'actionnaires milliardaires.

Vous pouvez tenter l'expérience : votre député, votre sénateur, vous regardera d'un œil goguenard. Cet élu ne saurait vous prêter une oreille sérieuse, car chacun sait que c'est encore le Parlement qui, en démocratie, discute et adopte les lois.

Et pourtant, *code is law.*

Le code informatique, c'est la loi, comme avait fait remarquer dès 1999 le professeur de droit Lawrence Lessig dans son livre *Code and Other Laws of Cyberspace*[1], « le code et les autres lois du cyberespace ». Ce n'est pas un hasard si, à propos des suites de 0 et de 1 qui composent les lignes informatiques, on utilise le même terme que pour le Code civil ou le Code pénal.

Le code régule, ordonne, délimite, prohibe, organise. Les conditions générales d'utilisation, les fameuses CGU, que vous validez d'un clic sans en lire ne serait-ce qu'une seule ligne, c'est l'équivalent d'un contrat, mais aussi d'un code de procédure.

Vous pouvez tenter la même expérience avec un juge, qui, lui, est chargé d'appliquer les lois : « Les sociétés numériques ont remplacé les tribunaux. »

Si le juge en question s'offusque, faites remarquer que les réseaux sociaux prennent de leur propre chef les décisions de censurer tel ou tel contenu, en application des règles édictées par eux. Facebook a même instauré sa propre « Cour suprême », comme une instance pouvant dégager une jurisprudence. Les compagnies privées se substituent aux juridictions du monde réel.

Tentez aussi avec un responsable de l'Autorité de régulation de la communication audiovisuelle et numérique (Arcom) : « Les sociétés numériques ont remplacé les organes de régulation. »

C'est vrai également, elles décident des bonnes et des mauvaises places accordées aux médias.

1. Lawrence Lessig, *Code : And Other Laws of Cyberspace*, Basic Books, 1999.

« Les firmes de la Silicon Valley ont aussi remplacé les administrations. »

Cela fonctionne encore.

Désormais, les puissances privées du numérique accordent des subventions aux médias et décident de leur avenir, elles mènent des « politiques des médias » à travers leurs richesses, elles ont donc supplanté les fonctionnaires aussi. Elles le font de manière discrétionnaire, quand les agents publics appliquaient des critères.

Mieux vaut la main invisible du marché que le gant de fer du régulateur, voilà ce qu'ont en tête les heureux du monde technologique.

« *We lost the rules* », disent les Anglo-Saxons. Les règles ont disparu. En effet, dans le monde d'avant l'explosion numérique, les institutions démocratiques fixaient les règles de la délibération publique. L'espace public, l'espace de la discussion, était organisé autour de garanties démocratiques.

Et cela n'est plus.

Un, le peuple adoptait la Constitution, qui garantissait la liberté d'expression, dans le respect des exceptions légitimes prévues par le droit international.

Deux, le Parlement précisait les exceptions légitimes en fonction de conceptions nationales (pour tous les citoyens) et organisait le secteur de la communication, avec des lois sur les sociétés de transmission (les tuyaux) et la régulation des médias (les producteurs de contenus).

Trois, une justice indépendante était chargée de statuer.

Désormais, nous accédons à la discussion publique et privée par l'intermédiaire de plateformes numériques et de réseaux sociaux qui sont devenus la superstructure de l'espace public.

Lorsqu'une seule société devient le filtre de millions de consommateurs de contenus, elle n'est évidemment pas l'équivalent d'un média (avec quoi on la confond trop souvent), elle est l'équivalent de l'*agora* grecque, du *forum* romain et de l'*espace public* contemporain. Cet espace, théorisé par le philosophe allemand Jürgen Habermas, est censé être le lieu de la démocratie.

Les plateformes et les réseaux sociaux connaissent une affluence si massive qu'ils ont remplacé la place publique d'autrefois, où l'on vient dialoguer, faire des rencontres ou commercer.

Google, Facebook, Instagram, TikTok, aujourd'hui, ce n'est pas l'espace public au sens classique, c'est des morceaux de la matrice dont le fonctionnement échappe au contrôle de citoyens.

Dans les démocraties, la Constitution prévoit toujours que ce lieu de l'échange des idées, des opinions et des informations soit neutre. Chacun peut défendre son avis, aucune orientation générale n'est imposée. Il n'y a que dans les dictatures que l'espace public est orienté : en Chine, chacun doit aller dans le sens du Parti communiste, en Arabie saoudite et en Iran, tout propos non conforme à l'Islam n'a pas droit de cité.

Les plateformes et les réseaux sociaux, eux, font ce qu'ils veulent.

Les plateformes numériques ne garantissent pas la liberté d'expression. Elles en jouissent. Au fond, elles disposent aujourd'hui du pouvoir des gouvernements et des parlements, tout en invoquant le bénéfice des droits de l'homme. A-t-on jamais vu un gouvernement démocratique dire « je fais ce que je veux », sans règles, sans contrôle démocratique, et dire que c'est cela, la démocratie ?

Oui, dans les fausses démocraties.

Dans les démocraties populaires, qui n'étaient ni démocratiques ni populaires.

Pour un putsch, nul besoin de disposer de chars d'assaut et d'armes automatiques. Il suffit de profiter de la passivité du pouvoir politique, de budgets de lobbying, d'imposer une idéologie de « l'autorégulation », qui consiste à dire aux parlements, aux vrais, « ne vous mêlez pas de nos affaires ».

Imaginons seulement.

Si l'on nous avait posé la question, il y a vingt ans : « Acceptez-vous que des entreprises privées remplacent le Parlement pour décider de la distribution de l'information, en fonction de leurs intérêts, et qu'elles appliquent leurs propres lois ? »

Personne n'a songé sur le moment à faire ce sondage, mais il est évident qu'une majorité de citoyens se serait demandé quel abruti avait bien pu poser une question aussi absurde.

LA FIN DE L'UTOPIE

L'ivresse du monde rêvé de la technologie a laissé place à une gueule de bois sévère au moment du réveil. Tout a pourtant commencé par de merveilleux espoirs.

La privatisation de la *matrix politica* permettrait aux citoyens de s'affranchir des États. Ses pionniers se prenaient pour les pères fondateurs du régime idéal du XXIe siècle, où c'en serait fini des dominations, des classes sociales, des bureaucraties.

Au commencement était l'utopie.

En 1996, la Déclaration d'indépendance du cyberespace disait les espoirs fondés par les pères du Web dans le refus de l'appropriation d'Internet par un gouvernement extérieur, en particulier celui des États-Unis.

Rouget de l'Isle a écrit *La Marseillaise* en une nuit, John Perry Barlow rédige la Déclaration d'indépendance du cyberespace à Davos le 8 février 1996. Le parolier du groupe de country-rock Grateful Dead expose en seize paragraphes les fondements d'un Internet autarcique.

La langue, poétique, apparente le texte à de la science-fiction : « Gouvernements du monde industriel, vous géants fatigués de chair et d'acier, je viens du Cyberespace, le nouveau domicile de l'esprit. Au nom du futur, je vous demande à vous du passé de nous laisser tranquilles. Vous n'êtes pas les bienvenus parmi nous. Vous n'avez pas de souveraineté là où nous nous rassemblons. »

Les références vont de Rousseau – « Nous sommes en train de former notre propre Contrat social » – à Jefferson, Washington, Stuart Mill, Madison, Tocqueville et Brandeis.

La péroraison ne manque pas de grandeur : « Nous créerons une civilisation de l'esprit dans le Cyberespace. Puisse-t-elle être plus humaine et plus juste que le monde issu de vos gouvernements. »

Les rêves (les délires ?) de John Perry Barlow ne se réaliseront pas.

Un homme illustre pour le meilleur et pour le pire l'échec de cette utopie :

Julian Assange.

Un ancien hacker, comme les résistants à la matrice dans le film des Wachowski.

À la tête de Wikileaks, cet Australien s'est d'abord illustré par la révélation d'une vidéo sortie des ordinateurs de l'armée américaine, « Collateral Murder », où l'on assiste à un raid aérien en juillet 2007 à Bagdad depuis le cockpit d'un hélicoptère tournant au-dessus d'une camionnette. La scène est stupéfiante. Le pilote annonce son intention de tirer, un nuage de fumée monte alors, empêchant de voir la sinistre tragédie.

Les supposés terroristes étaient en réalité une équipe de l'agence Reuters. Dix-huit personnes ont été tuées du fait d'une méprise.

Après les War Logs en juillet 2010 et la diffusion de près de 100 000 fichiers sur l'intervention américaine en Afghanistan, Wikileaks révèle le Cablegate et ses 240 000 télégrammes diplomatiques américains. En juin 2015, le site publie des documents qui attestent que trois présidents français ont fait l'objet d'écoutes de la NSA. En mars 2017, le site fait la lumière sur les outils de hacking de la CIA.

Peut-être que vous n'appréciez pas cet homme qui a eu un rôle trouble lors de la campagne présidentielle de 2016 aux États-Unis, lorsque Wikileaks a publié les e-mails de l'équipe de Hillary Clinton. Peut-être réprouvez-vous la publication *in extenso* de centaines de milliers de télégrammes diplomatiques américains, sans aucun filtre. Peut-être même l'avez-vous trouvé arrogant, du temps de sa splendeur, lorsque le magazine américain *Time* l'affichait en couverture comme personnalité de l'année 2010.

Assange n'est sans doute pas un saint, mais on a construit à son propos une figure de diable.

À trois reprises, je me suis rendu derrière le magasin Harrod's de Londres, dans une petite maison victorienne où se trouve l'ambassade d'Équateur au

Royaume-Uni. C'est là que l'ancien hacker, qui avait favorisé la révélation massive de crimes de guerre américains, s'était réfugié pour se soustraire à une arrestation probable dans une sombre affaire de mœurs en Suède. La crainte (légitime) d'Assange, c'était d'être extradé vers les États-Unis.

J'emploie l'expression dubitative « sombre affaire de mœurs » à dessein, car elle a été instrumentalisée, voire montée, comme l'a établi un rapport publié par un professeur suisse tout ce qu'il y a de plus sérieux, Nils Melzer, rapporteur spécial de l'ONU sur la torture.

Dans la rue, devant l'ambassade, un camion de surveillance géant, doté d'une antenne oblongue façon avion Awacs, assurait une surveillance technique. Un *bobby* était posté sur le palier de l'immeuble. J'ai aperçu dans l'escalier une technicienne de surface en train de passer l'aspirateur. Je me suis toujours demandé s'il ne s'agissait pas du coup classique d'une espionne, comme dans les films.

Ce qui est certain, c'est qu'une équipe de sécurité espagnole l'a espionné à l'intérieur de l'ambassade. Un comble. Surveillé jusque dans son réduit, avec des micros cachés dans les extincteurs ou les toilettes.

En 2017, sous l'administration Trump, la CIA serait allée jusqu'à s'interroger sur l'opportunité et la possibilité d'un assassinat du fondateur de Wikileaks.

À l'intérieur de l'ambassade d'Équateur, Assange était un reclus volontaire, dans une pièce dont les fenêtres étaient opaques afin de rendre la surveillance plus difficile. Au cours des dîners avec lui, j'ai pu constater l'idéalisme d'un homme qui rêvait de réduire les asymétries informationnelles entre les États et les citoyens. Au fil du temps, alors que son visage blêmissait et que ses cheveux blanchissaient, il a sans doute commis des erreurs.

Lorsque après sept années passées dans l'ambassade d'Équateur, il a été incarcéré à la prison de Belmarsh, en banlieue de Londres, pour n'avoir pas respecté son contrôle judiciaire, les États-Unis ont réclamé son extradition. Après une longue réflexion, nous avons décidé de lui apporter notre soutien, au motif que la justice américaine poursuivait ce que nous considérons comme sa « contribution au journalisme ».

À l'époque, j'avais demandé au directeur juridique du *New York Times* quels étaient pour lui les dangers principaux qu'encourait la liberté de la presse aux États-Unis. Il m'avait répondu, par ordre de gravité :

« Un, Trump, deux, les poursuites contre Assange. »

Il apparaissait en effet que la demande d'extradition, sur le fondement de dix-sept chefs d'inculpation, faisait peser sur l'Australien le risque de 175 années de prison (en plus de la réclusion à l'ambassade d'Équateur), et serait un signal pour tous les journalistes travaillant sur des sujets couverts par le « secret-défense ».

À la première audience, avec la directrice de notre bureau de Londres, Rebecca Vincent, nous avons constaté qu'Assange, derrière une vitre, était traité comme un dangereux terroriste.

Sur le chemin de son retour en cellule, ce jour-là, il subirait onze fouilles au corps.

Une volonté archaïque d'humilier, de punir.

RSF fut l'organisation internationale qui défendit le plus Assange, au milieu, disons-le, d'une foule où les hurluberlus se sont fait une large place.

Mais devions-nous nous pincer le nez alors que l'essentiel était en jeu ?

En tout cas, cette affaire aura confirmé si besoin en était que la Déclaration d'indépendance du cyberespace était sans effet. Les régimes démocratiques peuvent sortir les griffes, comme le fondateur de Wikileaks en a fait l'expérience. Bien pires, les régimes autoritaires n'ont jamais laissé la moindre indépendance à Internet.

Et surtout, les entreprises privées y règnent en maîtres. Elles ont pris possession du territoire, sans grande résistance pour s'opposer à elles.

« NE SOIS PAS LE DIABLE »

En quelques dizaines d'années, nous avons connu une accélération fascinante de l'histoire technologique, « au-delà du bien et du mal ». L'histoire officielle fait remonter à la fin des années soixante la création du réseau Arpanet par l'armée américaine.

L'officialisation du mot « Internet » est entérinée le 1er janvier 1983.

Chacun a aussi son histoire privée avec Internet. De la même manière que nous savons où nous étions le 11 septembre 2001 au moment où nous avons découvert à la télévision l'attentat contre les tours jumelles du World Trade Center, il est possible que vous vous souveniez de la première fois où vous avez entendu parler de telle ou telle avancée technologique.

Je vivais à Berlin lorsqu'en 1995 j'entendis parler du World Wide Web, officialisé deux ans plus tôt. Le Web est une application d'Internet aussi maniable qu'un jeu d'enfant, avec des liens hypertextes, grâce au protocole HTML. Je me souviens de l'enthousiasme de mon collègue allemand qui me montrait les premiers sites Web.

Je n'ai pas bonne mémoire, mais je me souviens de l'instant où j'ai entendu le nom d'un « moteur de recherche » qui allait changer le monde.

Google.

Un ami journaliste d'investigation, Philippe Madelin, auteur de livres d'enquête, m'a parlé le premier de ce « moteur de recherche » qui permettait de trouver très facilement des informations sur à peu près tout. Enquêteur de l'ombre, Philippe était un fouineur patient, qui accumulait des archives et les entassait sur des étagères dans un bureau aux allures de capharnaüm. Placide, il avait fait preuve, à propos de sa découverte, d'un enthousiasme débordant.

Difficile d'imaginer alors l'irrésistible ascension de la société fondée en 1998 par Larry Page et Sergey Brin à Menlo Park en Californie.

Le nom de l'entreprise fait référence au terme mathématique *googol*, qui en anglais signifie 10 exposant 100, soit 1 suivi de 100 zéros.

En quelques années, Google allait devenir la marque la plus connue dans le monde, sa capitalisation boursière dépasserait toutes les autres, à l'exception d'Apple et de Microsoft. Google, c'est aujourd'hui 40 000 recherches par seconde et 3,5 milliards de recherches par jour. En novembre 2021, Google jouissait de 91,4 % du marché des moteurs de recherche[2].

2. « Search Engine », StatCounter, 2021.

Il y a aussi 1,8 milliard d'utilisateurs de Gmail et désormais 1 milliard de personnes qui stockent leurs documents et fichiers sur Drive.

Devenue Alphabet en 2015, Google entreprend de dominer les différents marchés de la technologie, et sa galaxie compte désormais des filiales dans les drones (Wings), la biotechnologie (Verily et Calico), la géothermie (Dandelion), la domotique (Nest), l'intelligence artificielle (X et DeepMind), la fibre (Fiber). À travers Google Ventures (devenu V), la multinationale a investi 5 milliards de dollars dans des start-up du monde entier.

Demain, Google entend vous fournir aussi bien votre téléphone via Android qu'un moyen de locomotion via la Google Car. Il n'y a pas de raison qu'un tel empire n'essaie pas aussi de s'acheter des ONG…

À ma nomination à Reporters sans frontières, nous avions partie liée avec Google, qui apportait ses subsides pour un prix du Journalisme citoyen. C'était l'époque où l'on pensait que chacun, blogueur, net-activiste, pouvait devenir journaliste, et Google encourageait financièrement cette vision.

Alors même que la notion de journaliste citoyen n'avait peut-être pas plus de sens que celle d'un médecin citoyen.

« Quand j'ai mal aux dents, je ne vais pas chez un dentiste citoyen », ironisait l'un des administrateurs de RSF, Frédéric Filloux.

À l'époque, Google et les autres sociétés technologiques semblaient des compagnons de route des organisations de défense de la liberté d'expression, du journalisme, et plus largement des droits de l'homme, en tout cas pour ceux qui se berçaient d'illusions libertariennes.

« Don't be evil », vous vous souvenez ?

Ne sois pas malveillant, ne sois pas le diable.

L'un des dix principes fondamentaux de Google à l'époque.

Remplacé depuis par « Do the right thing », fais ce qui est bien.

« Don't be evil » n'était pas très convaincant. Il semblait l'équivalent du *« Just do it »* de Nike avec la bonne conscience en plus, même si vendre des baskets en faisant rêver d'exploits sportifs n'est pas du même acabit que d'organiser l'information de l'humanité, la noble et extraordinaire ambition de Google.

J'étais surpris de découvrir que dans le milieu des ONG, sensible aux abus de pouvoir des États et volontiers critique des institutions démocratiques, le pouvoir des entreprises multinationales pût passer pour anodin, voire séduisant. Le libertarianisme, cette idéologie californienne qui mélange obsession de la propriété et des libertés, avait franchi l'Atlantique. En Europe, des gauchistes sur le plan politique avaient les yeux de Chimène pour une multinationale richissime.

Étrange schizophrénie.

Le pouvoir privé n'est pas moins dangereux que le pouvoir public. Au contraire. De nos donateurs, Google était le seul à tenter, avec une subtilité peu évidente, d'orienter nos activités, en nous invitant à travailler sur tel ou tel sujet en fonction de financements sur des thématiques qui lui étaient chères.

Exemples de choses entendues :

« Nous sommes disposés à financer des rapports, et bien entendu vous écrivez ce que vous voulez. »

Silence.

« Ce serait bien de commencer par le Brésil, et bien entendu vous écrivez ce que vous voulez. »

Silence.

« Vous pourriez consacrer un chapitre à telle loi, bien entendu vous écrivez ce que vous voulez. »

Bien entendu.

Au terme de plusieurs mois, j'ai pris la décision de renoncer aux financements de la firme californienne, même si notre organisation ne croulait franchement pas sous les dons. Dans cette partie de bras de fer, les gens de chez Google avaient essayé de me tordre le bras, je n'avais jamais cédé, mais j'avais fini par avoir mal au coude. Alors, je me suis rendu à Londres, au siège européen, et je me revois encore dire : « Nous ne voulons plus de votre argent. »

Face à moi, le directeur m'a doctement expliqué que la communication et la philanthropie de Google seraient liées de plus en plus intimement à l'avenir. L'histoire du lobbying des plateformes, auprès des ONG comme des parlementaires, reste à écrire. Les soutiens des plateformes ne sont pas innocents, ils s'intègrent dans une stratégie d'influence. À un certain niveau de richesse, tout le monde trouve votre charme irrésistible.

J'avais compris que Google et ses semblables menaient l'une des plus grandes opérations de lobbying de tous les temps. Leurs financements des organisations et souvent des médias relevaient *a minima* de la corruption des esprits. Les plateformes numériques ne seraient pas des sauveurs de la démocratie. Nous ne pouvions pas les laisser disposer de ce pouvoir.

LA DOCTRINE ZUCKERBERG

Le fond libertarien est une constante de l'idéologie de la Silicon Valley, méfiante à l'égard des gouvernements et adepte du laisser-faire.

Le 17 octobre 2019, à l'université de Georgetown à Washington, le fondateur de Facebook, Mark Zuckerberg, trente-cinq ans, tee-shirt noir, prononce un discours important sur la liberté d'expression. L'homme qui s'exprime sous les boiseries et les vitraux figure à la cinquième place du classement *Forbes* des hommes (et des femmes) les plus riches du monde. Il synthétise son credo, que j'appellerai la « doctrine Zuckerberg ».

Pour l'entreprise, l'époque est très tendue : après le scandale Cambridge Analytica, qui nous a fait découvrir que les données de 87 millions de titulaires de comptes sur Facebook ont été utilisées pour influencer les votes des Américains, Mark Zuckerberg a été convoqué par des parlements un peu partout dans le monde. Il s'est rendu aux auditions organisées par le Congrès américain en avril 2018, en avril 2019 et en mars 2021, par exemple, mais a décliné d'autres invitations, ou convocations, comme celles des parlementaires canadiens et britanniques.

Zuckerberg a créé une compagnie qui vaut jusqu'à 100 milliards de dollars, mais ne parle pas d'argent. « Je me suis concentré sur la création de services pour faire deux choses : donner la parole aux gens et les rassembler[1]. »

L'orateur n'est pas avare de lyrisme. En invoquant le droit de chacun à s'exprimer et à être entendu, il parle d'« inclusion », d'engagements mutuels et de progrès commun. Le progressisme dans sa splendeur, du moins en apparence. Le patron de Facebook exprime son inquiétude, car sa vision est de plus en plus contestée, et il n'apprécie pas qu'on puisse accuser son entreprise de diviser les sociétés. Plutôt que de reconnaître la contribution de Facebook à leur polarisation, Zuckerberg engage un procès d'intention. Selon son réquisitoire, ceux qui récusent sa vision défendent leurs propres intérêts.

Procédé rhétorique qui consiste à caricaturer la position d'autrui.

« Zuck » affiche son hostilité envers ceux qui le critiquent, de plus en plus nombreux. Ils sont animés de mauvaises intentions, car « la réalisation de leurs objectifs politiques est plus importante que

1. *Zuckerberg : Standing for Voice and Free Expression*, retranscription du discours de Mark Zuckerberg fournie par Facebook, *Washington Post*, 17 octobre 2019.

de donner une voix à chacun ». Sous-entendu : si Facebook fait l'objet de critiques, c'est parce que l'entreprise crée l'égalité entre les internautes. On croirait entendre le responsable d'un groupuscule anticapitaliste.

Au fait, le meilleur moyen d'avoir de l'audience sur Facebook n'est-il pas de payer ? Chacun peut croire au système « un individu, un compte », en réalité, Facebook est un système censitaire.

Pour développer son argumentation, Mark Zuckerberg disserte sur l'émanation de hashtags tels que #BlackLivesMatter et #MeToo, en précisant que le premier a émergé sur Facebook avant d'être propagé par les services d'un concurrent. Cent ans plus tôt, de telles campagnes de mobilisation n'auraient pas été possibles, la plupart auraient été illégales, assure-t-il.

Pour humaniser son discours, Zuckerberg cite le groupe constitué sur Facebook par des mères de soldats des forces aériennes américaines militant pour le bien-être de leurs enfants pendant leurs vacances, ou un groupe de paroissiens pouvant organiser des opérations de solidarité pendant une tempête.

« Les personnes ayant le pouvoir de s'exprimer à grande échelle sont un nouveau type de pouvoir dans le monde, un cinquième pouvoir aux côtés des autres structures de pouvoir de la société. Les gens n'ont plus à compter sur les gardiens traditionnels de la politique ou des médias pour faire entendre leur voix, ce qui a des conséquences importantes. »

« Gardiens traditionnels » est ici la traduction de *gatekeepers*. L'expression vise les médias classiques. Ce que Zuckerberg sous-entend, c'est que les agents du quatrième pouvoir, autrement dit les journalistes, critiquent la liberté nouvelle acquise par tous grâce aux nouvelles technologies parce qu'ils sont dépités de leur perte d'influence.

Et seulement pour cette raison.

Mais quel est ce « cinquième pouvoir » dont parle Zuckerberg ? Le pouvoir de tous, le pouvoir du peuple, le pouvoir de la foule ?

Il élude : « Je comprends les inquiétudes concernant la centralisation du pouvoir des plateformes technologiques, mais je crois en fait que la plus grande histoire est combien ces plateformes ont décentralisé le pouvoir en le mettant directement entre les mains des gens. Cela fait partie de cette incroyable expansion de la voix à travers le droit, la culture et la technologie.[2] »

Le plus gros mensonge est là.

L'homme à la tribune dirige une entreprise qui gère une partie non négligeable de la communication entre plus de 2 milliards d'êtres humains, il est doté du « pouvoir de Dieu », mais ce qui importe, explique-t-il, c'est la possibilité pour 2 milliards d'êtres humains de se servir de ce pouvoir.

2. *Ibid.*

Il mélange tout.

Les gens peuvent utiliser ses services, et user de la force de la parole, mais lui décide du fonctionnement de la matrice.

Quelques minutes plus tard, Zuckerberg le concédera d'ailleurs : « Je comprends que les gens s'inquiètent du fait que nous avons un tel contrôle sur la façon dont ils communiquent sur nos services. Et je comprends que les gens soient préoccupés par l'existence de biais et soucieux que leurs idées soient traitées équitablement. Franchement, je ne pense pas non plus que nous devrions prendre autant de décisions importantes de notre propre chef concernant l'expression. Nous aurions à gagner d'un processus plus démocratique, de règles plus claires pour Internet et de nouvelles institutions. »

Ce propos serait parfait si Zuckerberg ne se prévalait pas l'instant d'après d'avoir créé un *oversight board*, un organe de supervision, la « Cour suprême » dont les décisions s'imposeront à Facebook et à Zuckerberg lui-même. C'est donc cela le genre d'institutions dont Zuckerberg parlait ? Une institution privée, dont les membres sont nommés par lui.

Étrange conception de la démocratie.

Remplacer les institutions établies par des institutions à sa main, c'est une méthode putschiste.

DANS LA CYNICAL VALLEY

Les nouveaux visages du pouvoir sont bien sous tout rapport. Ils ont fait de bonnes universités, ils ont une « bonne éducation », comme disait Chomsky, ils ont accumulé une expérience impressionnante sur leur curriculum vitae, leur dégaine est détendue.

À soixante-dix ans, avec ses airs de Richard Branson, Richard Gingras est l'une des figures de la Silicon Valley. Des cheveux qui ondulent, une barbe d'un blanc immaculé et un sourire franc suscitent d'emblée la sympathie. Les patrons des plateformes choisissent leurs *missi dominici* pour leur pouvoir de séduction, mais aussi leur capacité à parler la langue des interlocuteurs de la vie économique ou politique. Dans les conférences et séminaires internationaux, Gingras est devenu, pour les patrons de presse mondiaux, le visage de Google.

L'homme ne manque jamais de se présenter comme un vieux loup des médias, milieu dans lequel il a trempé dès les années quatre-vingt. En 2011, il a quitté le fauteuil de P-DG du site d'information Salon.

com, réputé pour avoir accueilli Glenn Greenwald, le journaliste d'investigation qui recevra quelques années plus tard les révélations d'Edward Snowden sur la surveillance de masse. Tel un transfuge – il s'agit d'une belle prise dans la guerre froide entre les plateformes et les médias –, Richard Gingras a été bombardé vice-président de Google, chargé de l'information.

Aujourd'hui, Google News, c'est lui.

En tout cas, c'est lui qui dirige.

Un service en ligne qui suggère aux internautes et classe des liens venus de plus de 20 000 organes de presse dans plus de 35 langues. Une sorte de kiosque géant, pour près de 150 millions d'utilisateurs par mois. Le tout, sauf exception, sans rémunération des producteurs d'information ni transparence sur les conditions pour figurer dans l'onglet « actualités » du moteur de recherche le plus consulté du monde.

D'ailleurs nous lui demanderons, à Richard, comment ses équipes font pour choisir les médias sur Google News, pour décider ce qui est du journalisme et ce qui n'en est pas. C'est comme si l'on demandait à un épicier comment il décide de la liste des produits dans ses rayons. Vérifie-t-il la qualité ? S'astreint-il à éviter les denrées frelatées ? Sa réponse sera évasive, et au fond, nous avons compris sa méthode.

Le doigt mouillé.

La sensation du vent.

Google News n'est pas qu'un produit, c'est une force de promotion sans équivalent ou presque.

Depuis 2011, Richard Gingras professe la parole rassurante descendue de Mountain View : non, Google ne veut pas la peau de la presse ; oui, le futur du journalisme est rayonnant.

C'est avec en tête la vision claire d'un rapport de force au désavantage des médias que je l'accueille au siège de RSF en mars 2018. Ce jour-là, Gingras fait moins penser à Richard Branson qu'à Charles Bronson. Un genre plus brutal. Car, d'emblée, la tension est palpable et le regard de Gingras glacial.

Ce que je lui propose est à ses yeux sacrilège : introduire un critère transparent de qualité fixé par la profession dans la sélection des médias de Google News. Notre idée, c'est que Panda (l'algorithme de positionnement des sites) et Hummingbird (l'algorithme de suggestion) priorisent les titres de presse respectant des méthodes de vérification et de correction, et des règles de transparence de la propriété et d'éthique journalistique.

Une proposition sérieuse, sur laquelle nous reviendrons plus tard.

Nos propositions touchent au dogme le plus sacré : les algorithmes. Comme si nous tentions de mettre un pied dans le saint des saints. Comme si nous demandions au pape de modifier le droit canon.

La conversation tourne au vinaigre. Nous sommes quatre d'un côté de la table, ils sont quatre de l'autre. Chacun ses armes : nous sommes sur notre terrain, mais ils jouent dans leur langue. Ce n'est pas le Far West, mais me viennent en tête ces scènes de film où, au saloon, les cow-boys ont le flingue sur les genoux, prêts à dégainer. Par instants, la tension est si forte que l'on se croirait dans un film de Sergio Leone, avec en fond la musique d'Ennio Morricone.

Courtisé par les médias du monde entier, Gingras n'apprécie pas qu'on se mêle de ses affaires. Nous venons lui chercher des noises, et il n'apprécie pas. Comme il a l'impression qu'on lui marche un peu fort sur les pieds, il utilise une expression forte, que je n'ai plus en mémoire, mais dans laquelle, je me souviens, se trouve un adjectif que je n'interprète pas de manière laudative : « européens ».

Des idées européennes, une incongruité.

Les balles ne sont que verbales, mais nous devons effectuer un tir de représailles. Thibaut Bruttin, qui travaille avec moi, s'offusque avec humour : *« This is not the Silicon Valley, this is the Cynical Valley ! »*

Une contrepèterie aux sonorités parfaites en anglais. Vous n'êtes pas la vallée du silicium, vous représentez la « vallée du cynisme ».

Nous ne sommes pas contents, mais alors pas du tout, et ce n'est pas parce que le chiffre d'affaires de Google est 40 000 fois supérieur à notre budget que nous ne sommes pas capables de rayer leur limousine.

Poignée de mains franche, et au revoir.

Au lendemain de ces échanges aigre-doux, Richard Gingras nous fera parvenir par courriel un message pacificateur. On ne sait jamais, une ONG énervée, cela ne serait pas du meilleur effet. Et d'ailleurs

Google finira par rejoindre notre initiative sur la confiance dans l'information, la Journalism Trust Initiative, une solution de marché pour redonner un avantage compétitif au journalisme de qualité.

Patience, vous découvrirez ses charmes et ses mystères dans un petit moment.

En tout cas, la fermeté (verbale) paie.

« Ce qui est bon pour le pays est bon pour General Motors », disait son patron en 1953 lors d'une audition au Congrès pour sa nomination au poste de secrétaire d'État à la défense.

C'est ainsi que le privé met la main sur le pouvoir.

Tout au long du XXe siècle, les chefs d'État ou de gouvernement des grandes nations se sont transformés en VRP des grandes entreprises. Il ne surprend personne que les *big boss* du privé embarquent dans l'avion présidentiel lors des voyages officiels, et que les signatures de contrat accompagnent les déclarations politiques.

Avec les sociétés technologiques, un pas va être franchi.

Il n'aura pas fallu beaucoup de temps entre la formalisation de la doctrine de la diplomatie économique par les États (la France n'en fait officiellement une priorité qu'en 2013 !) et la mise en place d'une diplomatie du business parallèle à celle des États. Avec les puissances économiques du XXIe siècle, bienvenue dans une nouvelle ère : l'appui de l'État n'est plus nécessaire à ce capitalisme tout-puissant qui défie les administrations et échappe à la régulation.

En un renversement spectaculaire, ce sont les États qui courtisent les CEO californiens en les invitant à dialoguer presque d'égal à égal, tant les enjeux financiers sont de taille. De fait, les déplacements des P-DG californiens ont des airs de visites d'État, les vice-présidents font office d'ambassadeurs et les cabinets de lobbying sont de véritables représentations permanentes.

Certains gouvernements en ont tiré des conséquences radicales quant à l'organisation de leur administration. Celui du Danemark a été le premier à créer début 2017 un poste d'ambassadeur du numérique « auprès » des multinationales de la Silicon Valley. Le ministre des Affaires étrangères Anders Samuelsen exprimait la nouvelle donne : « Ces firmes sont devenues un nouveau type de nations et nous avons besoin de nous confronter à cela. »

« Un nouveau type de nations », on a bien lu. Le propos laisse songeur. Le ministre a même poussé le bouchon plus loin : « Dans le futur, nos relations bilatérales avec Google seront aussi importantes que celles que nous avons avec la Grèce[1]... »

1. Cité dans « Le Danemark nomme un ambassadeur auprès des GAFA », Grégoire Marchand, *La Tribune*, 9 février 2017.

À Athènes, au pays d'origine de la démocratie, on a dû apprécier.

Pour dialoguer avec les États, les plateformes mettent à profit le *revolving door system*, c'est-à-dire le jeu de chaises musicales permanent entre les législateurs et les cadres des industries qu'ils régulent. Elles choisissent des figures rassurantes. L'exemple le plus criant est Nick Clegg, jadis vice-Premier Ministre du Royaume-Uni, devenu vice-président des affaires globales et de la communication de Facebook.

Menlo Park, une bonne adresse quand on a échoué à entrer au 10, Downing Street.

À terme, les firmes de la Silicon Valley savent qu'elles pourront placer des cadres à la Maison-Blanche quand l'opportunité se présentera, comme cela a été le cas à l'ère Obama. Ce que la banque Goldman Sachs fait à la Commission européenne, Google, Facebook ou Microsoft le font au niveau mondial, étendant leur influence par le biais d'*alumni*, des anciens de la maison, dont la perception des enjeux digitaux a été façonnée chez les leaders de la *tech*.

Les Gafam recrutent donc massivement dans leurs départements de lobbying, le plus souvent nommés « Communications and public policy ». L'étiquette dit bien le mélange des genres : il s'agit de peser de tout le poids de ses milliards sur les politiques publiques, domaine régalien par excellence. Cela donne, en interne, des flopées de cadres sympathiques payés pour discuter avec les administrations, les élus et les ONG.

Si vous avez une requête précise, ils ont l'art de vous perdre dans les détails de la faisabilité. Si vous avez un message à faire passer, ils prennent note poliment. Si vous avez une solution ambitieuse, ils la décomposent en un projet pilote. Si vous avez un projet commun, ils vous proposent une subvention ciblée.

Bref, des cohortes de responsables, responsables de rien en réalité, rémunérés pour vous faire perdre votre temps et, finalement, votre détermination.

Une sorte de somnifère institutionnel.

Le personnel des Gafam peut compter sur une armée de supplétifs.

Les efforts des ONG, et notamment ceux de RSF, pour que deux textes européens importants, la Législation sur les services numériques et la Législation sur les marchés numériques (connues sous les noms de Digital Services Act, DSA, et le Digital Markets Act, DMA), changent vraiment la donne, ont été affaiblis. Une ONG bruxelloise, Corporate Europe Observatory, a publié un rapport sur le lobbying des géants du numérique auprès des institutions européennes. Chaque jour, 140 consultants frappent à la porte des décideurs de l'UE au nom des dix plus grandes firmes mondiales du secteur numérique. Chaque année, c'est une dépense de 32 millions d'euros, soit 5,75 millions d'euros pour

Google, 5,5 millions pour Facebook et 5,25 millions pour Microsoft.

Effet d'une Europe construite sur l'économie en premier lieu, plutôt que sur un socle démocratique fort, les multinationales et désormais les plateformes occupent une place prépondérante à Bruxelles. Ainsi, dans le cadre de la consultation sur le DMA et le DSA, les trois quarts des réunions de consultation organisées par les services de la commission l'étaient avec les entreprises, et seulement 19 % avec des ONG.

Il faut dire qu'elles ont une capacité d'action plus faible.

Cette asymétrie est une fragilité démocratique.

À cela s'ajoute que la société civile peut elle-même être instrumentalisée, voire, dans certains cas, fabriquée de toutes pièces. Il existerait quatorze groupes de réflexion et ONG étroitement liés aux grandes entreprises technologiques, particulièrement actifs dans les discussions autour de la future régulation européenne.

La « capture du législateur » est l'un des aspects les plus évidents des coups d'État capitalistes.

LA CASTE

Le coup d'État numérique a engendré la naissance d'une caste.

Qui capte les richesses.

La liste mondiale des dix premières entreprises par capitalisation boursière était dominée en 2009 par les sociétés pétrolières, les géantes de l'ère industrielle. Dix ans plus tard, sept des dix premières ont des modèles commerciaux centrés sur les données[1]. Elon Musk, Jeff Bezos, Bill Gates, Larry Page, Sergey Brin, Mark Zuckerberg et Steve Ballmer occupent la liste des dix personnes les plus riches de la planète où Bernard Arnault et Warren Buffet font figure de reliques d'un autre temps.

Chacun d'eux pèse plus de 100 milliards de dollars, soit la somme que le G20, le groupe des vingt pays les plus puissants de la planète, s'est engagé à donner chaque année aux pays directement confrontés

1. Jeff Desjardins, « A Visual History of the Largest Companies by Market Cap (1999-Today) », *Visual Capitalist*, 21 juin 2019.

aux aléas du changement climatique... Ramenée aux presque 8 milliards d'habitants de la planète, la fortune qu'ont amassée les dirigeants de la *tech* en une génération paraît colossale.

Après un siècle de capitalisme financier où les multinationales pouvaient paraître dépersonnalisées, ces entrepreneurs de génie ont créé des sociétés dont ils tirent, sans partage, les profits. La principale redistribution se fait à coups de spectaculaires dons à des causes philanthropiques. C'est le jeu du système capitaliste américain dans toute sa splendeur et sa cruauté.

Ces businessmen ne sont pas des démocrates au sens de *demos* et de *cratos*, du pouvoir du peuple. Ils se sont extraits du commun des mortels tandis que leurs entreprises s'affranchissent du droit commun. Il suffit de lire les conditions d'utilisation de Google ou Facebook pour comprendre que le consommateur n'est pas un citoyen et pour mesurer l'asymétrie entre les plateformes et les consommateurs.

Ou même les actionnaires.

Lors de l'assemblée générale de Facebook en 2019, 68 % des actionnaires de la société détenant des actions « classe A » (une action, une voix) ont voté pour que le P-DG Mark Zuckerberg abandonne son poste de président du conseil d'administration à un « membre indépendant du conseil d'administration ». La résolution des actionnaires a échoué parce que Zuckerberg et son entourage détiennent des actions de « classe B », qui donnent droit à dix voix chacune, ce qui leur octroie un contrôle effectif sur 60 % des actionnaires[2].

La doctrine des Gafam est fondée sur leurs intérêts économiques et non sur une idée philanthropique du progrès. Après tout, il faut être clair sur ce que les plateformes vendent : non pas des services pour le public mais de la publicité, au cœur de leur modèle économique. La publicité constitue 85 % des revenus d'Alphabet[3], 98,5 % des revenus de Facebook[4] et 86 % des revenus de Twitter[5]. Même Microsoft veut sa part du gâteau : en 2019, son moteur de recherche Bing a généré plus de 7,5 milliards de dollars de revenus publicitaires, ce qui représente plus de deux fois ce que gagne Twitter[6]…

Dans leur désir d'accumulation de richesses, les géants du Web se moquent bien de mettre à bas quelques-uns des fondements de la délibération publique et exploitent avec cynisme les travers des individus.

Rarement une minorité aussi faible aura concentré autant de pouvoir sur l'immense majorité.

---

2. Meghan Fitzgerald, « Why 68 % of Facebook Investors Voted to Oust Zuckerberg as Chairman », Yahoo ! Finance, 2019.

3. Richard Nieva, « Google's Ad Chief Pushes Privacy To Gain Back Frayed Trust », CNET, 13 mai 2019.

4. « Facebook Reports Fourth Quarter and Full Year 2019 », communiqué de presse de Facebook.

5. *Fiscal Year 2019 Annual Report*, Communiqué de presse de Twitter.

6. Shira Ovide, « Bing's Not the Laughingstock of Technology Anymore », Bloomberg, 2019.

Cette caste se fiche bien du sort du commun des mortels, elle qui vit dans une sorte d'univers parallèle. Il n'est pas question ici du métavers. Ses membres semblent désireux de quitter ce bas monde : Elon Musk, qui veut aller se promener parmi les planètes, organise des croisières dans l'espace pour ses amis milliardaires moyennant plusieurs dizaines de millions de dollars ; Jack Dorsey part en retraite *vipassanā* et s'extrait du monde pour des semaines entières ; et Mark Zuckerberg rêve de paradis artificiels dignes d'un film de science-fiction.

Les figures de la Silicon Valley se livrent à des guerres ouvertes, à l'instar de Facebook et d'Apple qui s'opposent pour le contrôle de la vie privée de leurs utilisateurs, ou de Mark Zuckerberg qui tient pour « irresponsables » les propos alarmistes d'Elon Musk sur l'intelligence artificielle. Mais tous ces hommes partagent une conviction à la frontière du transhumanisme : la technologie nous permettra de vivre mieux.

Au XIXe siècle, les conspirateurs désireux de mettre à bas les pouvoirs en place, qu'il s'agisse de dirigeants légitimes ou de tyrans odieux, inventaient des engins explosifs d'une puissance sans pareille, inarrêtables dès que l'ordre d'exécution était donné : les « machines infernales ».

Au XXIe siècle, les apprentis sorciers continuent de sévir. Ce sont des conspirateurs qui agissent au grand jour, avec la respectabilité des entrepreneurs.

Mais ne nous y trompons pas : s'ils ne cherchent pas à assassiner les dirigeants de nos démocraties, ils fomentent leur coup (d'État) dans le plus grand secret, frappent de manière indéterminée la foule et mettent à mal l'édifice démocratique.

UNE PLAINTE CONTRE FACEBOOK

Antoine Bernard a dirigé la Fédération internationale des droits de l'homme (FIDH) pendant vingt-trois ans. À la tête de cette organisation réputée dans l'ensemble du monde, composée de 184 associations nationales membres, il a développé un savoir-faire juridique qu'il met désormais au service de RSF, dont il dirige le service « plaidoyer ». Quand il a pris ses fonctions chez nous, Antoine avait envie d'en découdre. Mimant des deux mains un pilote d'avion allumant les réacteurs avant le décollage, il n'arrêtait pas de dire en anglais : « On pousse les moteurs ! »

Vieux routier du droit pénal international, Antoine fait penser à un jeune avocat excité à l'idée d'une nouvelle procédure. Jusqu'à présent, sur le fondement du droit, nous défendions des journalistes, grâce à lui nous allions contre-attaquer.

« Contre-attaque ! »

Cela aussi, il le disait souvent, toujours en anglais.

Nous avons commencé à utiliser le droit pour enquiquiner les prédateurs de la liberté de la presse, glisser des cailloux dans les bottes des dictateurs, bref, pour les mettre en position d'accusés. En anglais, puisque comme vous l'avez remarqué la plaie des ONG est l'abus d'anglicismes, nous nous sommes lancés dans la *strategic litigation*.

Le contentieux stratégique.

Nous retournons les armes du droit contre ceux qui d'habitude l'utilisent pour leurs funestes desseins.

Fin 2020, j'ai invité Antoine à réfléchir à des actions juridiques contre les plateformes numériques. L'idée est radicale, mais le contexte critique. Le directeur général de l'Organisation mondiale de la santé (OMS), Tedros Adhanom Ghebreyesus, l'avait dit dès février 2021 à la Conférence de Munich sur la sécurité : « Nous ne combattons pas seulement une épidémie ; nous combattons une infodémie. »

Et cette infodémie se répandait notamment sur les réseaux sociaux, en particulier Facebook, identifiée dans une étude publiée en 2020 comme « la moins sûre des grandes plateformes ». Un projet de lutte contre la désinformation en ligne, *First Draft*, avait établi que Facebook constitue le principal foyer des théories conspirationnistes autour des vaccins auprès des communautés francophones. Durant le dernier trimestre 2020, 1,2 milliard d'interactions avec des sites trompeurs ont été comptabilisées sur Facebook par le think tank transatlantique German Marshall Fund.

Début 2021, comme des millions de lecteurs de journaux, nous découvrons une campagne publicitaire par voie de presse : sur des pleines pages, jour après jour, et semaine après semaine, Facebook se vante d'agir pour offrir « des informations précises en temps réel, pour mieux lutter contre la pandémie », et explique collaborer avec les gouvernements et organisations internationales « pour partager des informations fiables sur le Covid-19 ».

Nous enrageons de cette terrible mauvaise foi.

La société californienne vient là de nous offrir un angle d'attaque. Des réunions de travail chez l'un de nos avocats, Me Emmanuel Daoud, nous permettent de fourbir nos armes pour dénoncer, par voie judiciaire, la contradiction manifeste entre les engagements du réseau social vis-à-vis des consommateurs et la réalité de son fonctionnement. En d'autres termes, souligner le caractère mensonger de leurs déclarations et la dimension trompeuse de leurs pratiques.

Commence la valse des huissiers, qui vont constater, sur des cas emblématiques de violation de la liberté de la presse, les éléments que RSF apportera à l'appui de sa plainte.

Des exemples de haine en ligne, d'abord. Sur la page Facebook du journal *Charlie Hebdo* figurent plusieurs dizaines de commentaires insultants, menaçants ou appelant à la violence contre le journal et ses journalistes. Je contacte aussi le présentateur de l'émission *Quotidien* sur TMC, Yann Barthès, pour lui demander la permission de relever les commentaires haineux et menaçants à son endroit sur différents sites. Il y fait l'objet d'insultes, disons, scatologiques. Quand il n'est pas question de « le pendre » : « Une corde, un tabouret, une caméra et tirez bien sur les pieds. »

Amusé, il me répond qu'il m'autorise à en faire état dans la plainte, et au lieu d'apposer son nom à la fin du message, il mentionne avec dérision : « Signé : la sous-merde ».

Moins comique, nous relevons aussi des propos menaçants à l'encontre du quotidien *L'Union* de Reims, dont Christian Lantenois, l'un des photographes, a été sauvagement agressé en février 2021. Je conserve un souvenir ému de ma visite à Reims, auprès de la rédaction, quelques jours après les faits. La direction avait décidé de descendre la bâche qui rendait hommage à leur collègue dans le hall : la tension, l'émotion étaient trop vives. La plainte sera donc aussi un hommage à Christian Lantenois.

Elle vise également la responsabilité de Facebook dans la désinformation : cinq mises en ligne de la vidéo complotiste *Hold-up* sont identifiées aisément. Elles ont été visionnées plus de 4,5 millions de fois en deux mois. Un autre film sur le Covid, intitulé *Manigances-19*, dont l'AFP a pu établir qu'il est largement mensonger, a été visionné près de 4 000 fois par jour en moyenne pendant deux mois.

Les centaines de pages de constats d'huissiers et les témoignages divers sont finalisés, et RSF dépose plainte contre Facebook pour « pratiques commerciales trompeuses » auprès du procureur de la République de Paris. Bien sûr, l'enjeu est aussi d'alerter l'opinion publique : nous pointons du doigt la prolifération massive de haine en ligne et de fausses informations, en contradiction avec ses conditions générales d'utilisation et ses campagnes publicitaires.

Pour dénoncer un phénomène généralisé à l'échelle planétaire, RSF a fait le choix de déposer plainte en France, pays qui recense 38 millions d'utilisateurs de Facebook et qui dispose d'un droit de la consommation particulièrement adapté. Un tel délit est passible notamment d'une amende pouvant être portée à 10 % du chiffre d'affaires annuel moyen. De quoi faire réfléchir une multinationale, même basée en Californie. À défaut d'une conscience démocratique, Facebook a sans nul doute un sens de ses intérêts économiques.

En octobre 2021, les Facebook Files ont permis aux citoyens du monde entier d'avoir accès à des documents internes de l'entreprise, communiqués par Frances Haugen, une ancienne employée et nouvelle lanceuse d'alerte. Au fil des pages, on découvre des cadres, des ingénieurs qui semblent désemparés, incapables de maîtriser les algorithmes qui constituent pourtant le cœur de Facebook.

Tel Frankenstein face à sa créature, le code échappe à ses créateurs et ses gardiens. Une machine incontrôlable ?

PERVERS MÉTAVERS

Il ne saurait y avoir de liberté de conscience sans liberté de la connaissance. Qu'on se rattache à une conception philosophique cartésienne ou spinoziste, ce qui fonde la liberté humaine, c'est la capacité à connaître le réel afin de comprendre le monde. Dans le livre XII de *La République*, le philosophe grec Platon invoque une célèbre allégorie de la condition humaine, le « mythe de la caverne ».

Pour illustrer la difficulté d'accéder à la connaissance, le disciple de Socrate décrit des individus placés dans une grotte, le dos à l'entrée. Ces humains ne perçoivent de la réalité extérieure que les ombres portées sur les murs. L'humanité s'émancipe lorsque Homo sapiens ne se satisfait plus des ombres.

Les Lumières.

Tout le monde ne voit pas la même chose, mais chacun peut regarder et énoncer librement ce qu'il voit, l'exprimer comme il l'entend. Si un chef de tribu vous enjoint de retourner dans la caverne, soit par menace (« si tu n'y retournes pas je te tue »), soit par séduction (« il y a du feu ou de la viande à l'intérieur »), s'il récuse votre droit à découvrir votre environnement, il nie votre humanité.

Une matrice qui favorise la déformation du réel, c'est le retour à la caverne.

Dans le film *Truman Show* réalisé par Peter Weir, le personnage interprété par Jim Carrey mène sa vie dans un gigantesque simulacre. Même ses proches sont des acteurs d'une émission de télé-réalité. Il a été dénommé *true man*, « homme vrai », par antiphrase. Ce n'est plus la société du spectacle, c'est la société du simulacre.

À l'ère des *deep fakes*, il est facile de truquer une image, une vidéo, un son, et de faire dire n'importe quoi à n'importe qui. Ces trucages tiennent parfois de la blague, mais peuvent installer des décors incomparablement plus trompeurs que les décors de Potemkine sur le chemin de Catherine II de Russie (on a accusé le ministre Grigori Potemkine d'avoir caché la pauvreté des villages de Crimée grâce à des simulacres).

Désormais, on peut faire dire ce que l'on veut à Barack Obama.

À n'importe qui, donc.

Rebaptisé Meta, Facebook promet désormais le métavers, un univers virtuel, peuplé d'avatars, une échappatoire au monde réel. Dans ce méta-univers, l'alliance de la réalité virtuelle (VR) et de la réalité augmentée (AR) nous proposera une seconde vie, selon le nom du jeu *Second Life*, une vie de substitution.

Facebook a déjà lancé aux États-Unis et au Canada sa plateforme Horizon Worlds, ébauche du métavers à laquelle vous pouvez accéder par un casque de vision 3D produit par Oculus Quest, propriété, vous le devinez, de Facebook.

Tout cela ne serait que du marketing, expliquent les sceptiques.

Mais est-ce une raison de ne pas s'inquiéter ? Le marketing est capable de changer le monde et nos esprits, et pas toujours dans le sens de nos intérêts.

Pour développer le métavers, la société de Mark Zuckerberg a lancé Facebook Reality Labs, avec déjà 10 000 salariés et bientôt autant de nouveaux collaborateurs en Europe. Les laborantins de Reality Labs inventent le contraire de la réalité. Comme des centrales pénitentiaires qui s'appelleraient Liberty Labs.

« Bienvenue dans le monde réel », dit Morpheus à Neo dans *Matrix*.

Une expression extraite d'un ouvrage paru en 1981, trois ans avant l'année de déroulement de *1984*, le roman de science-fiction dystopique de George Orwell.

Dans *Simulacre et Simulation*, dont la couverture est présentée dans le premier épisode de la saga *Matrix*, Jean Baudrillard expliquait que les médias, extérieurs à nous dans le monde d'avant, étaient désormais en nous.

Nous sommes sujets à une induction, une infiltration, une pénétration du système dans nos corps et nos esprits, désormais soumis à l'empreinte numérique.

Nous vivons sur un ruban de Möbius, une torsade à une seule face, dans un espace public courbé sur lui-même comme dans la relativité générale d'Einstein.

Cette courbure, c'est celle de la matrice.

Le système nous fait croire qu'il a disparu, qu'il n'y a plus de pouvoir, plus d'intérêt, plus d'instance, plus de modèle, que nous sommes le centre du jeu, l'alpha et l'oméga : « Vous êtes l'information, vous êtes le social, c'est vous l'événement, vous êtes concerné, vous avez la parole, etc[1]. »

Le système est pourtant bien là, derrière notre propre image.

Il s'étend, comme un empire totalitaire.

1. Jean Baudrillard, *Simulacre et Simulation*, Galilée, 1981.

LE MASSACRE DU JOURNALISME

Mark Zuckerberg n'a pas attendu le métavers pour jouer à l'apprenti sorcier avec la démocratie.

En 2018, Facebook a annoncé faire désormais appel à ses usagers pour décider de la fiabilité des informations publiées dans leur fil d'actualité. Le présupposé : la sagesse des foules. Le risque est pourtant évident : l'amplification de la désinformation. Testé aux États-Unis avant d'être étendu au monde entier, ce projet se décline en plusieurs étapes. Facebook sonde un échantillon représentatif d'utilisateurs : connaissent-ils tel média ? Quelle note de confiance lui attribuent-ils ? À l'issue du sondage, les médias qui affichent un score élevé bénéficient de plus de visibilité sur le fil d'actualité de la plateforme.

Étape suivante : *exit* les médias.

En octobre 2017, les médias d'information en Bolivie, au Cambodge, au Guatemala, en Serbie, en Slovaquie et au Sri Lanka observent avec consternation que leur audience en ligne fond mystérieusement en un week-end. Jusqu'à être divisée par quatre. Quel peut bien être le point commun entre un journal sri-lankais et une radio bolivienne ? Tous ont fait les frais d'un « test » de Facebook.

Sans crier gare, la firme au *F* blanc a décidé de procéder à des expérimentations sur ces marchés. Les expériences semblent justifier que l'on sacrifie des médias comme des souris de laboratoire. Facebook a relégué les médias dans l'onglet « Explore ».

Quelques semaines plus tard, Facebook modifie le fonctionnement du fil d'actualité et favorise la famille et les proches, ce qui défavorise les médias et les institutions.

Pour les plateformes, l'enjeu est de taille. Sur le marché de l'attention, celle-ci est un bien limité. Y puiser des ressources sans en profiter, c'est du gaspillage. Le temps de cerveau disponible, c'est de l'argent, et c'est la raison d'être de Facebook. Environ 1 500 messages quotidiens apparaissent sur le fil de l'utilisateur moyen de Facebook. Or, il n'est susceptible d'en lire que 100. Facebook définit les contenus les plus pertinents et les plus significatifs[2].

À ses yeux et pour ses intérêts.

À l'heure où les phénomènes de désinformation et de polarisation des opinions ne cessent d'envahir Facebook, encore renforcés par l'usage de trolls et la mobilisation de communautés militantes, la réduction

2. Victor Luckerson, « Here's How Facebook's News Feed Actually Works », *TIME*, 9 juillet 2015.

de la visibilité des médias a un effet négatif évident sur le caractère factuel du débat public comme sur la viabilité économique du journalisme.

Les chiffres sont désolants, aggravés par les effets de la crise économique induite par l'épidémie de Covid. En 2020, l'Institut Reuters pour l'étude du journalisme de l'université d'Oxford brossait un tableau sombre : les journaux à eux seuls envisageaient une perte pouvant représenter une baisse de 30 milliards de dollars de leur chiffre d'affaires d'une année sur l'autre. Selon une étude du cabinet PricewaterhouseCoopers, le chiffre d'affaires global de la presse va passer de 108 milliards de dollars en 2019 à 86 milliards en 2024.

Une contraction proche de 30 % est envisagée pour 2030.

L'évolution des pratiques de consommation d'information des jeunes générations ne laisse pas imaginer un avenir radieux. Seuls 12 % des Américains de 18 à 29 ans utilisent la télévision comme moyen d'accéder à l'information, contre 43 % de la population de plus de 65 ans. Près de la moitié des milléniaux ne lisent jamais un quotidien. En France, seulement 1 % des jeunes achètent la presse quotidienne. Il est donc urgent de réinventer le journalisme pour favoriser la naissance d'un mode de fonctionnement soutenable, pour conserver une diversité de sources d'information fiables.

Le péril concerne moins la survie du journalisme que la survie d'un journalisme pluriel, avec une multiplicité de voix, au sein des rédactions comme au sein du paysage médiatique. L'extrême polarisation des médias, renforcée aux États-Unis par la présidence de Donald Trump, suscite un resserrement du débat public autour de quelques titres et chaînes d'information incarnant une opinion politique et s'adressant à un segment déjà acquis, galvanisé par des interprétations de plus en plus radicales des faits.

Les rédactions elles-mêmes ont tendance à se raidir et on observe une réduction de la diversité d'opinions au sein même de ces médias leaders d'opinion (la polémique autour du départ de Bari Weiss du *New York Times* en est un exemple emblématique). Ces stratégies sont fructueuses financièrement : le *NYT* est passé de 2,8 millions à 6,9 millions d'abonnés pendant la présidence Trump, et MSNBC, CNN et Fox jouissent d'une audience record et sont très rentables.

Deuxième phénomène, au-delà de la bonne santé insolente de ce « dernier carré » du journalisme : l'extension du désert de l'information. Les études concordent pour souligner le risque qui pèse sur le journalisme local. Ce déclin alarmant a laissé un vide béant dans les communautés, notamment aux États-Unis. Aujourd'hui, la moitié des comtés du pays – 1 540 – ne sont desservis que par un seul journal, et 200 comtés n'ont aucun journal. Près de 70 % des comtés américains sans journal quotidien ou hebdomadaire se trouvent en dehors des zones métropolitaines.

Le sentiment d'une défiance croissante à l'égard de la presse, d'une absence de représentativité des contenus et des acteurs de la presse peut être interprété comme une conséquence directe de cette désertification. Art du décentrement et du rassemblement, de la distance et de la proximité, le journalisme se doit de raconter ce qui se passe dans tous les territoires, ce que les habitants y vivent. La couverture de cette réalité est peut-être un des enjeux par lequel le journalisme peut prouver toute son utilité sociale à ses détracteurs.

Après l'élection présidentielle américaine de 2016, Mark Zuckerberg, face à un cas de conscience, a lancé un Facebook Journalism Project qui relevait de l'opération de communication. En 2013, Google a créé en France un fonds d'aide à la presse doté de 60 millions d'euros. Le « coup » a bien marché et Google l'a réédité au niveau européen en augmentant l'appât jusqu'à 150 millions en 2015, avant l'annonce d'une enveloppe de 1 milliard au niveau mondial en 2021.

Ceux qui président aux destinées des principaux titres de presse croient dans la force de leur marque et trouvent des arrangements avec les Gafam. Il n'est pas difficile, quand on est *Le Monde* ou *Le Figaro*, de bénéficier d'une part des subsides des plateformes et des réseaux sociaux en montant un projet.

Bien entendu, les patrons de presse savent que ces sommes représentent de la petite monnaie par rapport aux gains des géants du Web. Ils veulent plus : leur combat se focalise depuis plusieurs années autour de la juste rémunération des contenus accessibles en ligne et de la répartition de la valeur. Pourtant, si jamais ces négociations venaient à aboutir, le risque demeurerait : une dépendance aux produits que Google peut décider de modifier ou d'abandonner un jour.

Pendant ce temps, certains syndicats de journalistes, dans une conception rigoriste de leur rôle, s'alarment essentiellement des conditions de travail des journalistes sans dénoncer la nouvelle donne technologique qui s'impose aux organes de presse.

Un jeu à somme nulle qui fait la joie de Google, Facebook et les autres, et ne pousse pas le secteur à la réforme, loin de là.

CAPITALISME DE SURVEILLANCE

Une femme a tout compris.

Shoshana Zuboff.

Je pourrais dire qu'elle est l'équivalent pour Internet et les technologies de ce que Thomas Piketty, l'auteur du *Capital au XXIe siècle*, est pour les inégalités de patrimoine et de revenus.

Une star.

La professeure émérite de Harvard manifeste une vitalité où l'enthousiasme pour sa cause égale le caractère direct de son expression. Je confesse que cette rencontre a bouleversé ma perception du monde académique : Shoshana Zuboff fait peut-être des recherches qui s'inscrivent dans un temps long, mais elle fait campagne comme nulle autre pour que le changement advienne maintenant.

Avec le best-seller *L'Âge du capitalisme de surveillance*[1], Shoshana a réussi le tour de force de proposer un titre qui restera sans doute comme l'une des plus

1. *Op. cit.*

éclairantes définitions de la nouvelle ère technologique. Bien avant la majorité des penseurs, elle a identifié un angle, et sa dénonciation implacable offre une grille de lecture qui restera dans les mémoires.

Le capitalisme de surveillance.

Les géants du Web collectent nos données. Mais leur ambition est autrement plus diabolique que cette seule captation : ils entendent orienter, modifier et conditionner tous nos comportements. Toutes les dimensions de notre existence sont concernées : notre consommation, bien entendu, mais aussi notre vie amicale et professionnelle, nos centres d'intérêt, nos émotions…

Jusqu'à notre bulletin de vote ?

Lorsque nous avons lancé un observatoire sur l'information et la démocratie, fin 2021, afin de mieux évaluer les impacts du chaos informationnel sur le fonctionnement des démocraties, j'en ai proposé la coprésidence à Ángel Gurría, ancien secrétaire général de l'OCDE, l'homme qui avait obtenu la taxation minimale des entreprises multinationales, et bien entendu à Shoshana. Obtenir son accord m'aura valu des heures de discussions approfondies au téléphone pour la convaincre que j'étais sur la même ligne qu'elle, pour donner des gages d'indépendance vis-à-vis du « grand capital » de la Silicon Valley, bref, pour lui démontrer par a + b que nous sommes plus musclés que ces mous du genou qui se contentent de génuflexions devant les « tyrannies privées ».

J'étais dans un café bruyant de New York quand nous avons eu une première conversation à trois par ordinateurs interposés. Depuis sa maison du nord-est des États-Unis, Shoshana avait décidé de tester Ángel comme elle l'avait fait avec moi. Elle tenait un discours extrêmement virulent contre les plateformes, pour vérifier s'il ne couperait pas court à la conversation par un « ça suffit ! » éclatant.

Il ne le fit jamais. En politique bonhomme, l'ancien ministre des Affaires étrangères du Mexique absorba les saillies. À la fin, Shoshana porta l'estocade : « Ce qu'il nous faut, c'est une contre-révolution ! »

Ángel rigola, sur son canapé au Mexique : « Shoshana, je vis dans le seul pays démocratique au monde où le parti qui est resté le plus longtemps au pouvoir a le mot "révolution" dans son nom, je m'y connais. »

Une référence au Parti révolutionnaire institutionnel, le PRI.

« Alors je vais te dire, Shoshana, il faut faire la révolution, mais sans le dire ! »

L'affaire était dans la poche.

Depuis son bureau avec vue sur son jardin du Maine, Shoshana a souri et murmuré : « Banco. »

Nous allions travailler ensemble, tous les trois.

Un déjeuner me confirmerait la force de cette intellectuelle deux mois plus tard. Trente minutes après l'heure convenue, Shoshana surgit dans le salon privé à l'étage d'une brasserie au charme Belle Époque du centre de Paris. Alors qu'elle est très en avance sur le plan intellectuel, Shoshana semble incapable de ponctualité. Je lui présente le milliardaire bostonien Frank McCourt. Propriétaire du club de football l'Olympique de Marseille, où il a lancé un *champions project*, Frank est surtout le champion d'un numérique libéré du pouvoir de la Silicon Valley. Une exception parmi les plus fortunés qui témoigne d'une liberté d'esprit originale.

Cet homme est anti-Gafam, et c'est le thème au menu des discussions.

Avec sa voix grave, Shoshana entre d'emblée dans le vif du sujet et rassemble en quelques phrases chocs le fond de ses analyses essentielles.

Qu'est-ce qu'Internet ?

« Nous sommes face à un espace qui n'est pas régulé, c'est comme un nouveau Far West. »

Les plateformes peuvent-elles changer ?

« Elles sont les seules à maîtriser leur propre technologie. Mais nous ne les avons pas élues pour gouverner, ni pour avoir autant de connaissances sur nous. »

Le métavers ?

« Un gigantesque changement d'échelle. »

La solution ?

« Nos sociétés reposent sur des règles inventées aux États-Unis dans les années trente. Nous devons inventer celles qui vont réguler l'ère démocratique digitale. »

Franck McCourt estime que le salut viendra d'initiatives privées comme la sienne.

La politesse n'est pas de mise, les précautions oratoires superflues quand l'heure est si grave. Franck n'a sans doute pas l'habitude qu'on le contredise ou l'interrompe, ce que Shoshana fait avec gloutonnerie. Il a beau être anti-Gafam, elle récuse l'idée selon laquelle l'innovation résoudra les problèmes.

La révolution, on le sait, n'est pas un dîner de gala, et avec Shoshana pas non plus un déjeuner mondain. La Cassandre du capitalisme numérique défend farouchement le besoin de solutions démocratiques, c'est-à-dire de propositions politiques (et non technologiques) et publiques (et non privées). Elle prêche, avec force, une révolution nécessaire à la survie des démocraties.

Frank McCourt, qui sait reconnaître l'intelligence, est à l'évidence sous le charme de cette universitaire qui touche à peine son assiette et ne mâche pas ses mots. Pour lui, le grand soir numérique commence peut-être ce midi.

Aussi soudainement qu'elle s'est assise, sans finir son plat ni attendre le dessert, Shoshana Zuboff se lève et saute dans un taxi : elle avait oublié son prochain rendez-vous, elle n'a pas vu le temps passer.

Le même jour, nous nous retrouverons dans une séance publique, où elle aura des phrases aussi dures que le diamant.

« Nous entrons dans la troisième décennie du XXIe siècle, mais ce n'est pas le futur que nous voulions et que nous avons choisi. Au lieu de la démocratisation du savoir, nous faisons l'expérience de l'asymétrie et de la concentration du savoir sur les individus et sur la société entre les mains d'un petit nombre de très, très grandes compagnies. »

Pour elle, le capitalisme de surveillance « est une expérimentation sociale qui a échoué », et ses « méfaits ne sont pas seulement économiques, ils sont sociaux ».

Il faut agir : « Nous sommes une jeune civilisation de l'information qui n'a pas encore les droits, les lois et les institutions dont nous avons besoin pour nous protéger. »

Ces droits, lois et institutions que nous allons contribuer à construire, pour reprendre le pouvoir.

LE RISQUE D'UNE CONTRE-RÉVOLUTION

Le risque d'un coup d'État, ce n'est pas seulement qu'il réussisse. C'est que, en cas d'échec, l'affaiblissement du corps politique fasse le lit d'un autre coup d'État.

Un coup d'État dans le coup d'État.

Un coup d'État qui en cache un autre.

Ou une contre-révolution conservatrice.

Dans l'histoire, cela s'est souvent vu.

On pourrait écrire un livre noir des régulations liberticides que l'expansion du pouvoir des plateformes a appelé comme réponses. Par incapacité, par aveuglement, par ruse, des gouvernements et des parlements ont pu favoriser des lois ou des décrets qui entendaient résoudre le problème.

Il y a eu une loi controversée en Allemagne, la *Netzwerkdurchsetzungsgesetz* (NetzDG), en vigueur depuis le 1er juin 2018, qui a fait figure de pionnière en imposant des amendes gigantesques, jusqu'à 50 millions d'euros, aux plateformes si elles n'effacent pas dans les 24 heures des contenus manifestement haineux.

A suivi la loi Avia en France, dont une grande partie a été déclarée anticonstitutionnelle en juin 2021. Puis ce fut au tour de l'Autriche de prendre des dispositions similaires. Comme si les initiatives des uns encourageaient les autres.

En juillet 2021, le gouvernement turc a utilisé la loi allemande comme prétexte pour intensifier la pression sur les plateformes internationales, ordonner le retrait de contenus et stocker localement les données des utilisateurs afin d'en faciliter l'accès.

La Russie, Singapour et les Philippines, d'autres États dont le caractère démocratique peut donner à réfléchir, ont fait de même.

Le problème de ces lois, c'est qu'elles sombrent dans un excès (inviter les plateformes à exercer une forme de censure, souvent préventive, parfois massive) ou dans l'autre (donner un pouvoir de contrôle aux autorités).

Et qu'elles se fondent sur des notions indéfinissables (ou presque) : qu'est-ce qu'un délai raisonnable ? qu'est-ce qu'un contenu indésirable ? qu'est-ce qu'une sanction proportionnée ? Les tautologies, en l'espèce, ne sont d'aucune aide et les standards internationaux inexistants.

En parallèle, prolifèrent souvent les lois d'urgence ou d'exception pour faire face aux risques terroristes et aux crises sanitaires. Toutes incluent un registre numérique.

Ce sont des lois « round up » qui, tel l'herbicide phare de Monsanto, tuent les insectes et la mauvaise herbe, mais peuvent aussi détruire la biodiversité, et nous devons prendre garde à ces effets. Le risque, avec des lois mal dosées, c'est de répandre le poison de la censure dans l'écosystème au motif (légitime) d'éradiquer les contenus qui font exception à la liberté d'expression.

La modération de contenu de Facebook, supervisée par seulement 15 000 personnes, entraînerait déjà jusqu'à 300 000 erreurs par jour[1].

Le biotope est extrêmement dégradé, les terres informationnelles sont brûlées, et sans doute n'allons-nous pas supprimer le glyphosate en un jour, comme le dit Benoît Raphaël, un innovateur du numérique qui se présente comme « éleveur de robots ».

Le moment est venu d'une dépollution maîtrisée.

D'une résilience de l'écosystème.

1. « Who Moderates the Social Media Giants ? A Call to End Outsourcing », NYU Stern report, 2020.

Partie IV

LE JOURNALISME DU FUTUR

LA LEÇON DE WIN TIN

Quelques mois avant sa mort, en 2014, j'avais rencontré en Birmanie le célèbre journaliste Win Tin, ancien adjoint de la Dame de Rangoun, fondatrice de la Ligue pour la Démocratie (LND), Aung San Suu Kyi. Cet homme de plus de quatre-vingts ans avait tenu tête pendant des décennies à une junte militaire qui jetait les opposants et les journalistes dans des cages à chiens.

Win Tin avait passé dix-neuf ans en détention, à résister aux chantages les plus odieux. On lui promettait la liberté en échange d'un renoncement au journalisme et à la politique. Comme Nelson Mandela dans sa geôle de Robben Island en Afrique du Sud, il avait lu dans sa cellule le poème *Invictus*, de William Ernest Henley.

« Aussi étroit soit le chemin,
Nombreux les châtiments infâmes,
Je suis le maître de mon destin,
Je suis le capitaine de mon âme. »

J'avais demandé à ce Mandela birman si, à son sens, cela avait valu la peine de passer dix-neuf ans en détention. Il avait répondu sans hésiter : « Oui, cela en valait la peine, parce que la liberté de l'information est la liberté qui permet de vérifier l'existence de toutes les autres. »

Liberté de l'information au sens de l'information fondée sur des vérités factuelles, pas sur la propagande ou des allégations vaseuses, des bobards, du *bullshit*. Win Tin avait expérimenté dans sa chair ce qu'est une matrice despotique, c'est-à-dire un système de la communication et de l'information où l'arbitraire règne en maître, où le mensonge prévaut, pourvu qu'il soit officiel. Le coup d'État qui l'avait mené en prison avait évidemment été plus violent que celui des plateformes numériques, il avait été sanguinaire, mais ce que Win Tin avait retenu était l'importance de son idéal.

Personne n'a mieux exprimé que Victor Hugo l'importance de la liberté de la presse, conquise face à l'Ancien Régime. Dans des discours prononcés à la Chambre, à l'époque de la IIe République entre 1848 et 1852, l'auteur des *Misérables* et de *Notre-Dame de Paris* avait dessiné le lien intime entre la démocratie de l'agora et celle de l'isoloir.

Premier discours :

« Le principe de la liberté de la presse n'est pas moins essentiel, n'est pas moins sacré que le principe du suffrage universel. Ce sont les deux côtés du même fait. Ces deux principes s'appellent et se complètent réciproquement. La liberté de la presse à côté du suffrage universel, c'est la pensée de tous éclairant le gouvernement de tous. Attenter à l'une, c'est attenter à l'autre. »

Deuxième discours :

« La souveraineté du peuple, c'est la nation à l'état abstrait, c'est l'âme du pays. Elle se manifeste sous deux formes : d'une main elle écrit, c'est la liberté de la presse : de l'autre elle vote, c'est le suffrage universel. »

Au début du XXIe siècle, près de la moitié des êtres humains n'a toujours pas accès à une information libre.

Au moment où ce livre est mis sous presse, près de 500 journalistes se trouvent en détention arbitraire dans le monde. Cela représente une croissance faramineuse de 20 % par rapport à l'année précédente, principalement du fait des incarcérations en Birmanie, où la junte a repris le pouvoir après une parenthèse de démocratie limitée ; au Bélarus, où Loukachenko incarcère notamment les femmes journalistes ; et dans ce qui fut une parcelle chinoise de liberté, Hong Kong, où la loi de sécurité nationale adoptée en 2020 a permis à Pékin d'écraser la contestation.

Lorsque les libertés s'effondrent, l'importance de la « liberté de la presse » saute aux yeux. Dans ces moments extrêmes, les peuples sont capables de réagir, et nous pouvons y trouver matière à optimisme.

Outre les millions de personnes dans la manifestation parisienne après l'attentat contre *Charlie Hebdo*, j'ai été impressionné par la foule défilant à La Vallette, à Malte, après l'assassinat de la journaliste d'investigation Daphné Caruana Galizia en 2017, et par une autre manifestation populaire, à Bratislava, en Slovaquie, après le double homicide du journaliste de données Jan Kuciak et de sa compagne en 2018.

Je suis fasciné par les milliers de personnes qui ont acheté le dernier exemplaire d'*Apple Daily*, à Hong Kong, tiré à un million d'exemplaires, après l'incarcération de son patron Jimmy Lai et le raid policier au siège du journal.

Ému par les manifestants qui en Algérie n'ont jamais cessé de manifester contre l'incarcération de notre correspondant Khaled Drareni, détenu pendant près d'un an pour avoir couvert les manifestations pacifiques du Hirak.

Épaté par les organisations de la société civile qui en Russie continuent d'œuvrer malgré des lois répressives qui en font des « agents de l'étranger ».

Les journalistes sont comme les canaris dans la mine de charbon.

Lorsque le canari tombe inanimé au sol, c'est le signe avant-coureur de l'explosion d'une bulle de gaz.

RSF essaie d'empêcher les coups de grisou.

En Chine, nous défendons la journaliste Zhang Zhan, condamnée à quatre ans de prison pour

« incitation aux troubles ». En réalité, cette lanceuse d'alerte a révélé avec ses vidéos les prémices de l'épidémie de SARS-CoV-2 et s'est intéressée d'un peu trop près, au goût des autorités de Pékin, à l'Institut de virologie de Wuhan.

Avant comme après la prise de Kaboul par les talibans, nous avons tout fait pour empêcher la destruction du journalisme afghan, en créant un centre pour la protection des femmes journalistes afghanes, en facilitant les évacuations lorsque les reporters avaient besoin de se mettre à l'abri.

À Istanbul, en Turquie, nous avons soutenu la résistance du quotidien *Cumhuriyet*, « La République », qui révélait les turpitudes du président turc Erdoğan et dont les journalistes ont osé publier des dessins de *Charlie Hebdo*, ce que personne d'autre n'a osé faire dans le monde musulman et ce à quoi les médias américains se sont refusés.

Aux Philippines, nous avons défendu la rédaction de Rappler face à Duterte, en Russie celle de *Novaïa Gazeta* face à Poutine, en Pologne celle de *Gazeta Wyborcza*.

Partout, nous croisons des journalistes courageux, prêts à prendre la « place du mort ».

Je pense à Elena Milashina, qui a repris la fonction d'Anna Politkovskaïa à *Novaïa Gazeta*, cette rédaction martyre où cinq journalistes ont été tués. La jeune femme poursuit les enquêtes de la journaliste assassinée en 2006, sur les mêmes terrains, notamment en Tchétchénie.

Dans l'une des villes les plus dangereuses du monde, à Mogadiscio en Somalie, dans la corne de l'Afrique, j'ai rencontré la rédaction de Radio Shabelle, dont vingt-huit reporters ont été assassinés par les milices islamistes shebabs.

Je n'oublierai pas le récit de ce jeune homme souriant : le jour où son frère journaliste a été tué, il est allé voir son père et lui a dit : « Je vais prendre sa place à Radio Shabelle. »

Il est devenu journaliste sur le tas, et sur la tombe de son frère.

Lorsque des journalistes résistent vaillamment à des pouvoirs despotiques, quand ils publient des scoops sur la fraude fiscale ou la surveillance massive comme le font des consortiums d'investigation, mettent au jour les dégâts (humains, environnementaux, sanitaires, etc.) commis par des entreprises, quand ils décryptent les manipulations des *spin doctors*, ils font honneur à l'idéal partagé avec Win Tin et Victor Hugo.

En faisant en sorte qu'à l'intérieur de la *matrix politica* le vrai l'emporte sur le faux, ou la connaissance sur l'ignorance, ils rendent service à l'humanité.

Mais la vérité est une affaire très compliquée.

Dans son autobiographie, le Mahatma Gandhi écrivait que « la vérité est dure comme le diamant et fragile comme la fleur de pêcher ».

LA FARCE D'HANNAH

Le 10 décembre 1948, au palais de Chaillot à Paris, l'assemblée générale de l'ONU, composée alors de cinquante-huit États, adopte une résolution qui laissera sa trace dans l'histoire, non pas par son numéro – 217 A (III) –, mais par son titre.

La Déclaration universelle des droits de l'homme.

Une référence fondamentale de l'humanité.

Le texte a été rédigé par un comité institué deux ans plus tôt. Présidé par l'épouse du président des États-Unis, Eleanor Roosevelt, le comité au sein duquel le Français René Cassin joue un rôle important s'est réuni à deux reprises durant plus de quinze jours.

L'article 19 est l'un des plus essentiels :

« Tout individu a droit à la liberté d'opinion et d'expression, ce qui implique le droit de ne pas être inquiété pour ses opinions et celui de chercher, de recevoir et de répandre, sans considérations de frontières, les informations et les idées. »

Et cela par quelque moyen de communication que ce soit. La Déclaration universelle des droits de l'homme va battre des records. En 2009, elle devient le document le plus traduit au monde. De l'abkhaze au zoulou, plus de 520 versions ont été recensées.

Tout cela n'est que l'affirmation de principes, diront les Cassandre.

Faux.

Parce que la Déclaration va être une référence puissante et qu'elle va déboucher sur du droit contraignant. Dans les années de guerre froide, l'Occident libéral et le monde communiste se livrent bataille sur le terrain juridique comme sur le plan géopolitique. Finalement, deux textes ayant force obligatoire seront présentés en 1954 à l'assemblée générale des Nations unies, puis adoptés en 1966 : le pacte relatif aux droits civils et politiques d'une part, et le pacte relatif aux droits économiques, sociaux et culturels de l'autre.

L'article 19 du premier pacte, que les 172 États parties sont tenus de respecter, ressemble à l'article 19 de la Déclaration, mais il est plus précis.

Alinéa 1 : Nul ne peut être inquiété pour ses opinions.

Alinéa 2 : Toute personne a droit à la liberté d'expression.

Statistiquement, il y a peu de chances que vous soyez un juriste. Peut-être pensez-vous que tout cela est très (trop) subtil. Néanmoins, ces deux phrases sont au fondement de l'organisation de l'espace public de la seconde partie du XXe siècle.

La liberté d'opinion est indérogeable : elle ne souffre aucune exception.

En revanche, l'exercice de la liberté d'expression « comporte des devoirs spéciaux et des responsabilités spéciales ». Il peut « être soumis à certaines restrictions ».

Autrement dit, la liberté *d'opinion* est absolue, la liberté *d'expression* ne l'est pas.

Elle peut faire l'objet de limites, dans le cadre de la loi. Pour le respect des droits et de la réputation d'autrui, et pour la sauvegarde de la sécurité nationale, de l'ordre public, de la santé ou de la moralité publiques.

« La liberté d'opinion est la liberté de choisir sa vérité dans le secret de sa pensée[1] », tandis que la liberté d'expression se définit comme la liberté de révéler sa pensée à autrui.

Attachons-nous au sens exact des mots.

En Allemagne, « la liberté d'opinion et d'expression » est traduite par *Meinungsfreiheit*, *Meinung* signifiant « opinion ».

Aux États-Unis et en Angleterre, on dit *freedom of opinion and expression*, mais aussi *freedom of speech*, la liberté de parler.

L'avez-vous remarqué ? À la table de famille, à la télévision et sur les réseaux sociaux, les disputes

---

1. Claire Étrillard, « Les libertés d'opinion et d'expression en France », *Revue juridique de l'Ouest*, 2005.

portent sur la liberté d'expression. Il est beaucoup plus rare qu'un commensal s'insurge pour la liberté d'opinion. Un jour, j'ai fait remarquer au rapporteur spécial de l'ONU en charge de la liberté d'opinion et d'expression, auprès du conseil des droits de l'homme à Genève, que lui-même tronquait presque systématiquement l'intitulé de son poste. Il oubliait la liberté d'opinion.

Ce qui l'a emporté dans l'inconscient collectif, c'est la liberté de dire ce qu'on a dans la tête et sur le cœur, quand ça n'est pas dans les tripes.

Un jour, le sociologue de la communication Dominique Wolton m'a fait observer avec humour : « Mais si tout le monde parle, qui écoute ? »

Si tout le monde parle sans mettre en jeu sa responsabilité, comme c'est le cas sur les réseaux sociaux, comment exercer sa liberté d'opinion ?

Comme l'écrivait la philosophe Hannah Arendt dans son essai « Vérité et Politique », « la liberté d'opinion est une farce si l'information sur les faits n'est pas garantie, et si ce ne sont pas les faits eux-mêmes qui font l'objet du débat[2] ».

Là se situe le rôle du journalisme.

Rapporter les faits.

Et pour cela, la liberté de la presse n'est pas suffisante.

2. Hannah Arendt, *La Crise de la culture*, Gallimard, Folio, 1989.

CIRCUS MEDIATICUS

Au moment de l'adoption du premier amendement de la Constitution américaine, le troisième président des États-Unis, Thomas Jefferson, avait prononcé une phrase très forte : « Si on me donnait à choisir entre un gouvernement sans journaux et des journaux sans gouvernement, je n'hésiterais pas un instant à choisir cette dernière formule. »

Jefferson, des années plus tard, serait revenu sur cette phrase, l'aurait regrettée, mais cela, on l'avait oublié.

Plus d'un siècle et demi plus tard, le premier chef de gouvernement de l'Inde indépendante, Jawaharlal Nehru, reconnaissait qu'il se posait le même genre de question : « Je me suis souvent demandé ce que signifiait exactement l'expression "liberté de la presse". Est-ce celle des journalistes, des propriétaires ou des rédacteurs en chef ? »

Bonne question, à laquelle il répondait de lui-même : « De toute évidence, la liberté de la presse signifie en définitive la liberté du propriétaire qui peut en user pour tout autre objectif que le bien public. »

Un commentaire à la limite de la provocation, mais qu'on ne saurait écarter d'un revers de bras. La liberté de la presse manque en effet de définition précise. C'est pourquoi elle est souvent instrumentalisée.

Détournée de son sens.

À RSF, nous sommes conscients que l'invocation de la liberté de la presse peut être utile à des protagonistes qui ne se soucient guère des idéaux démocratiques. Nous savons qu'elle peut servir à promouvoir les intérêts des groupes industriels qui possèdent des médias, à dissuader quiconque nuit à leurs intérêts, à protéger l'industrie du divertissement et du blabla, à excuser l'absence de rigueur de certains reporters ou enquêteurs, à justifier les ignominies des tabloïds, à prémunir contre toute critique ceux qui lancent des campagnes de presse et dictent l'agenda médiatique, à disculper ceux qui font et défont les réputations, et même à légitimer les organes de propagande.

Nous n'avons franchement pas vocation à être des « idiots utiles ».

Oui, des oligarques font leur shopping dans les médias pour disposer d'outils d'influence pouvant intimider le pouvoir ou le servir, et c'est un phénomène mondial, comme le révélait notre enquête en 2016[3].

3. « Médias : les oligarques font leur shopping », Reporters sans frontières, 2016.

Oui, l'organisation du marché favorise les « contenus qui rapportent », et la nécessité de « vendre du papier » influence la pertinence et la qualité du contenu ; oui, les décisions éditoriales sont prises en fonction de l'intérêt du public, mais aussi de contraintes parfois inconscientes tellement elles ont été intégrées.

Oui, il existe un *Circus Mediaticus*, qui parfois hystérise, amplifie l'accessoire et néglige l'essentiel. Le directeur de l'information de la chaîne CBS, Edward Murrow, sérieux et intègre, clamait avec dérision dans les années cinquante : « Nous sommes dans la même tente que les clowns et les monstres de foire, c'est le show-business. »

De nombreux médias qui se réclament du journalisme entretiennent évidemment cette société du spectacle.

Les journalistes ne sont pas de purs esprits, mais des êtres humains aspirant à la reconnaissance. Dès 1951, le film de Billy Wilder *Le Gouffre aux chimères*, avec Kirk Douglas, mettait en scène un journaliste plus intéressé par lui-même que par l'événement qu'il devait traiter, une catastrophe minière.

Oui, les journalistes sont dotés de systèmes de valeurs, même quand ils cherchent à en faire abstraction, et ils peuvent promouvoir des idéologies conformes à leurs intérêts ou avantageuses pour l'avancement de leur carrière.

Oui, le conformisme est une évidence sociologique, parce que le journalisme est un métier de désir, avec beaucoup de postulants et peu d'élus.

C'est pour protéger le public des clowns, des magiciens et des grands fauves du cirque médiatique que les démocraties ont mis en place la « régulation des médias », un cadre qui a tenu, pour le meilleur et pour le pire, jusqu'à l'avènement du Web.

S'il se trouve des voix pour appeler à la sauvegarde du journalisme, pour célébrer sa construction du sens, il s'en trouve moins pour l'inviter à la réforme. La réponse aux défis auxquels est confronté le journalisme ne saurait être la préservation des médias *tels qu'ils sont*, mais doit inclure une réforme en profondeur de sa fonction sociale et de ses modèles économiques.

La reconstruction d'une matrice réellement démocratique passe aussi par là.

LES TRAINS QUI ARRIVENT À L'HEURE

L'objet du journalisme ?

Raconter les accidents, les malheurs, les inégalités, les violences, les turpitudes, les hypocrisies, les mensonges, les crimes et délits, les mauvais chiffres, les déclins, les catastrophes, les séismes (au sens propre comme figuré), les cyclones, les crises, les aberrations, les excès, les absurdités.

Liste non exhaustive.

C'est ce que pense une partie, sinon la majorité, des journalistes.

En 2019, je participais à la 27e conférence de MINDS, une réunion des grandes et des moyennes agences de presse du monde entier.

Extrêmement puissantes, ces dernières nourrissent l'ensemble des médias de leurs dépêches. Le grand public ne connaît pas toujours leurs noms, mais ces agences ont une influence supérieure à leur notoriété. Les produits de ces grossistes de l'information se retrouvent d'une manière ou d'une autre sur les étals de vos supermarchés ou du petit commerce journalistique.

L'avez-vous remarqué ?

Certains sites Internet réputés, y compris ceux de quotidiens historiques retranscrivent les dépêches de ces agences. Si, en lisant certains articles, vous avez un sentiment de déjà-vu, c'est sans doute moins imputable à un trouble psychologique qu'à des copier-coller à répétition.

Dans un hôtel international de la capitale portugaise, une centaine d'agences étaient représentées : l'américaine Associated Press, la française AFP, et d'autres dont vous ignorez probablement le nom comme l'espagnole EFE, l'allemande dpa, la suédoise TT, la britannique PA, la japonaise Kyodo, etc.

Un homme va prendre la parole et livrer une démonstration implacable sur les présupposés journalistiques les plus profonds, le genre de discours que nombre de nos confrères réfutent de prime abord, sans s'accorder cinq minutes de réflexion. Ancien directeur de l'information de la radio publique danoise, Ulrik Haagerup s'est reconverti en dénonciateur de la négativité journalistique. Il a publié l'ouvrage *Constructive News*[1], dont il est sans doute inutile de traduire le titre, et créé le Constructive Institute à l'université d'Aahrus.

Dès l'entame de sa conférence, sous forme de présentation Powerpoint, notre ami danois argue que

1. Ulrik Haagerup, *Constructive News*, Aarhus Universitetsforlag, 2017.

l'un des problèmes principaux des médias est tout simplement « notre culture de l'information ».

« Notre », celle des journalistes.

Un peu comme s'il avait annoncé dans un congrès de bouchers que le problème n'était pas la baisse des revenus, l'impolitesse de la clientèle ou les attaques des végétariens, mais la vente de viande.

Un grand moment.

« Osons nous regarder dans le miroir », lance Ulrik.

À l'appui de sa démonstration, le patron du Constructive Institute exhibe un visuel montrant un chérubin fort mignon face à lui-même. Une manière d'inciter son audience à retrouver un regard d'enfant sur ses pratiques. Essayons d'identifier nos présupposés de spécialistes.

Ulrik se remémore son premier jour d'école de journalisme. Son professeur avait fièrement annoncé, en danois : *« A good news is bad news ! »*

Pour ceux qui ne parlent pas la langue de Shakespeare et de Joseph Pulitzer : « Une bonne nouvelle, c'est une mauvaise nouvelle ! »

Sous-entendu, les seules nouvelles intéressantes sont les mauvaises.

Le professeur d'Ulrik avait ajouté : *« If nobody gets mad, it is not journalism but advertising. »*

Si personne ne devient furieux, ce n'est pas du journalisme mais de la publicité.

Le rédacteur en chef du *Sunday Times* de 1967 à 1981 préconisait : « Avant d'interviewer un responsable politique, pose-toi la question : “Pourquoi ce bâtard est-il en train de me mentir ?” »

Choses vues et entendues dans les rédactions. Combien de fois, alors journaliste au *Point*, ai-je entendu l'un de mes plus proches collègues lancer : « Celui-là, je vais me le payer ! »

Ulrik Haagerup est un homme sérieux, qui fait des statistiques. Lors des trois jours précédant la conférence, il a compilé les dépêches sur des sujets internationaux diffusées par l'agence américaine Associated Press. Il était plus facile de compter les dépêches positives que les négatives. Un chiffre éclairant : 95 % des dépêches étaient négatives, au sens où, des affaires humaines, elles rapportaient des faits regrettables. Une litanie de mensonges, de cyclones, de combats, de divisions, d'assassinats, on en passe.

Les plaies d'Égypte à jets continus.

Le conférencier poursuivra sa démonstration avec l'AFP, Reuters, EFE, et même avec l'agence russe TASS, dont il résume la ligne éditoriale : « Au-delà de Poutine et de la Russie, tout est terrible. » Sur le site Internet de l'agence Reuters, le même jour, la page d'accueil est à pleurer de désespoir.

Stupéfiante démonstration.

La négativité empêche de voir le monde tel qu'il est, avec ses horreurs mais aussi ses beautés et ses progrès. Pour illustrer le décalage entre nos sombres visions et la réalité, l'intellectuel canado-américain Steven Pinker, défenseur de la rationalité des Lumières, aime à rappeler ce que la lecture des journaux peut nous faire oublier[1].

Seulement 3 % des Français estiment que la situation du monde s'améliore[2]. Trois pour cent. Ont-ils à l'esprit qu'en un peu plus d'un siècle, l'espérance de vie moyenne sur Terre est passée de trente à soixante et onze ans ? L'analphabétisme est en recul (il s'élève à moins de 10 % pour les moins de vingt ans). En trente ans, les mortalités maternelle et infantile ont été réduites de moitié. La maladie de la variole a été éradiquée, le paludisme pourrait disparaître à son tour, et l'épidémie de sida reflue. Le risque climatique est évident et grave. Il n'en est pas moins vrai, explique Pinker, que la couche d'ozone se reconstitue, la déforestation ralentit. Les guerres sont moins meurtrières. Depuis 1990, 2 milliards de personnes ont été libérées de la sous-alimentation. Un milliard de personnes sont sorties de l'extrême pauvreté, soit une réduction de 75 %.

En 2017, l'économiste allemand Max Roser, qui a fondé le site Internet Our World in Data (« Notre monde en données ») à Oxford, publie une courbe montrant l'accélération de la croissance de la population humaine à partir de 1950, avec une multiplication par quatre environ du nombre d'êtres humains sur

1. Steven Pinker, *Le Triomphe des Lumières : pourquoi il faut défendre la raison, la science et l'humanisme*, Les Arènes, 2018.

2. Steven Pinker, « Notre pessimisme nous conduit à croire que tout effort pour améliorer le monde est une perte de temps », *Le Monde*, 31 décembre 2018.

Terre, et dans le même temps la réduction impressionnante de l'extrême pauvreté depuis les années soixante-dix et plus encore l'an 2000.

Non pas une réduction en pourcentage, une réduction dans l'absolu.

En moyenne, depuis vingt-cinq ans, tenez-vous bien, 137 000 personnes sortent chaque jour de l'extrême pauvreté.

Chaque jour.

Cette bonne nouvelle aurait pu faire la une des journaux tous les jours : « Hier, 137 000 personnes sont sorties de l'extrême pauvreté ».

Le saviez-vous ?

Les trains qui arrivent à l'heure, pour beaucoup de journalistes, seraient sans intérêt. Le journalisme devrait s'attacher seulement aux trains qui n'arrivent pas à l'heure, alors même qu'un train suppose une capacité industrielle, un approvisionnement énergétique, une horlogerie humaine… Il y a beaucoup à raconter sur les trains ponctuels.

Un jour, j'ai parlé sur le ton de l'évidence des « trains qui n'arrivent pas à l'heure » à une journaliste danoise.

Elle n'avait jamais entendu l'expression.

Au fait, le Danemark est « le pays le plus heureux du monde ». Le lecteur en tire la conclusion qu'il veut. Mais nous serions peut-être de meilleure humeur si les biais journalistiques ne laissaient pas à penser qu'il va de plus en plus mal.

PLUS BLANC QUE BLANC

Un ancien camarade de mon village d'origine, dans l'Allier, au centre de la France, m'a dit un jour qu'il était en rupture totale avec les journalistes parce qu'il ne supportait plus leur négativité.

Cette négativité qui suscite la plainte et nourrit le ressentiment.

Pourquoi cette prédilection des journalistes ?

Trois explications, à mon sens : une explication de marché, une explication sociologique et une explication psychologique.

Primo, le négatif fait vendre.

Cela rapporte de flatter les passions tristes, d'attiser la colère et les bas instincts, de jouer sur les frustrations, de s'offusquer des insuffisances du monde. Un jour où je racontais à un éditeur que je ne voulais plus rédiger de livres empreints de négativité, que la posture de la dénonciation me semblait à la fois inadéquate et improductive, et même dangereuse pour la démocratie, il m'avait rétorqué d'un air narquois : « Mais Christophe, nous vivons sur la négativité ! »

Inutile de nous cacher derrière notre petit doigt, notre stylo, notre micro ou notre clavier, la course à l'audience incite mécaniquement les journalistes à forcer la dose de négatif. Du fait de la pression concurrentielle, l'ensemble du système médiatique a une prédilection pour le broyage du noir.

Secundo, la négativité est un facteur de socialisation dans les rédactions, où le doute systématique a été remplacé par la suspicion générale, voire l'accusation globale. Descartes doit se retourner dans sa tombe. Vous êtes journaliste, vous ne pouvez pas vous permettre d'exprimer une positivité trop enthousiaste, sauf à être considéré comme un grand naïf.

À l'instar des gauchistes prouvant leur engagement en étant « plus à gauche que les autres », ou des salafistes établissant la profondeur de leur foi en mimant les origines de l'Islam, les journalistes mesurent souvent leur pertinence à proportion de l'esprit critique et, pire, de la négativité.

Loisible à vous d'être positif, mais à vos risques et périls, on pourrait ricaner.

Tertio enfin, l'explication psychologique.

J'ai une théorie personnelle.

C'est la théorie du blanchiment. Il n'est question ni de trafic de drogue ni de corruption, mais de blanchiment psychologique. Si le monde est laid, si la guerre est effroyable, si les politiques mentent, si les gens ne sont pas ce qu'ils prétendent être, alors moi, journaliste, je ne suis pas si mal en point.

En comparaison d'un monde sinistre, mon for intérieur semble baigné de lumière.

La noirceur du monde comme bouée de sauvetage.

Je peux témoigner, en fréquentant mes semblables, mes sœurs et frères les journalistes d'enquête, qu'un certain nombre tente de se *blanchir*.

Je dois reconnaître qu'à RSF, nous avons cette fâcheuse tendance, comme nombre d'organisations non gouvernementales, à insister sur le négatif. Pire, à le cultiver. Encore pire, à l'inventer (involontairement) quand il n'y a pas lieu. Si vous avez regardé de près nos publications, à une époque, vous auriez pu faire des statistiques sur la récurrence de l'expression « pire que jamais ». Telle année, c'était pire que jamais, l'année suivante aussi, et la troisième encore, même quand certaines statistiques étaient en amélioration.

À la fin, cela finit par peser sur le moral.

J'ai demandé qu'on mette le holà sur cette expression.

Nul n'avait donné l'ordre, personne n'avait impulsé une stratégie. C'était venu tout seul. Imaginons un employé d'ONG disant que les choses ne vont pas si mal. À quoi sert-il ? Il n'est pas payé pour dénier la raison d'être de son organisation, pour affaiblir son argumentation, pour décourager les donateurs. Étant donné les fléaux du monde, les victimes de la guerre au Yémen ou en Syrie, de la pauvreté en Afrique noire, de la baisse de la biodiversité, comment peut-on dire que quelque chose va mieux sans être *irresponsable* ?

Ce militant d'ONG n'a-t-il pas succombé aux forces de l'ombre ? S'il n'est pas si négatif, c'est qu'il est trop proche du pouvoir.

Notre monde préfère l'énervement. Un coup de gueule, un coup de colère, et vous voilà « liké », « retweeté », admiré comme un résistant. Le critère de la pertinence : la radicalité. L'excès faisait l'audimat à la télévision, avec des garde-fous, désormais l'outrance fait la visibilité sur les réseaux sociaux, sans garde-fous.

Le problème, quelles qu'en soient les explications, c'est que cette négativité a des effets délétères. Cette manie de dénigrer, de critiquer sans cesse. On maugrée, on se plaint, on geint, et ma souffrance par-ci, et mon petit malheur par-là… À la fin, on a du mal à reconnaître les vrais malheurs et les dangers réels.

Refonder le journalisme supposera de le rendre plus constructif.

Sinon nos démocraties en paieront le prix.

Les journalistes sont dotés d'un niveau de confiance plus élevé dans certains pays dictatoriaux que dans des démocraties. Le jour où j'ai assisté pour la première fois à la présentation de l'Edelman Trust Barometer, l'enquête qui mesure l'évolution de la confiance dans les institutions et figures d'autorité sociétales, j'ai sursauté. En 2021, il met en évidence que, sur un panel de 27 pays, l'Indonésie, la Chine et l'Inde arrivent en tête des pays où la confiance dans les médias est la plus élevée : celle-ci avoisine les 70 %. Malgré une baisse nette (-10 %) en Chine du fait des mensonges d'État sur l'épidémie de Covid-19. En queue de classement ? La France (37 %), le Japon (36 %) et la Russie (29 %)...

Dans les démocraties, c'est souvent la défiance qui prévaut.

Bien entendu, la liberté de réponse n'est pas du tout la même à Pékin, New York et Paris, et la propagande sait être efficace. Mais il vaut tout de même la peine de s'interroger en profondeur sur cette notion de confiance.

Le Digital News Report du Reuters Institute d'Oxford, établi sur une étude de 46 pays où la Chine ne figure pas, montre que la confiance dans les médias a augmenté en moyenne de 6 % dans le sillage de la pandémie. Un retour à des niveaux de confiance inégalés depuis 2018. La Finlande reste le pays avec le plus haut niveau de confiance globale (65 %) et les États-Unis font figure de bon dernier (29 %).

C'est pourtant le pays du premier amendement, celui où la liberté est censée être la plus grande.

Faisons en sorte que la *matrix politica* ne favorise pas la négativité, sinon la politique ne parviendra jamais à nous rendre l'espoir.

FAIRNESS DOCTRINE

Après la Seconde Guerre mondiale, la très puissante Commission fédérale des communications des États-Unis, la FCC, annonce une modification radicale des règles du jeu audiovisuel. En 1949, cette institution invoque deux exigences nouvelles à l'égard des chaînes de radio ou de télévision : qu'elles présentent des sujets d'intérêt général, des sujets à controverse comme la ségrégation raciale ; et qu'elles procèdent d'une façon honnête, équitable et équilibrée.

Un bouleversement.

Cette Fairness Doctrine, souvent traduite par « principe d'impartialité », supplante la Mayflower Doctrine (du nom d'une radio de Boston) qui datait de 1941. Cette dernière interdisait toute éditorialisation des contenus pour mettre fin aux vives campagnes de presse des années trente. Mais elle avait aussi contribué à créer des médias porteurs d'un certain conservatisme social.

Au sortir de la Seconde Guerre mondiale, alors qu'émerge un médium nouveau, la télévision, la FCC a à cœur de créer un cadre clair qui assure les foyers américains d'un accès à une pluralité d'opinions, permettant de se confronter aux enjeux les plus controversés de la société sans que les chaînes soient soumises aux « intérêts privés, humeurs ou caprices » des détenteurs de licences. La Fairness Doctrine est souple : libre à chaque chaîne d'appliquer le principe d'équité et d'équilibre. Aucune obligation de consacrer des durées équivalentes aux différents points de vue sur un même sujet n'est prévue.

Cette doctrine est l'un des facteurs de développement de la télévision dans l'Amérique d'après-guerre, avec un essor considérable du journalisme d'investigation (notamment le magazine *See it Now*, d'Edward Murrow, sur CBS) mais aussi de la fiction télévisée de qualité (les fameuses *live series* sur lesquelles se feront la main les futurs grands réalisateurs d'Hollywood). Le tout, dans une époque marquée par des transformations politiques et sociales majeures que les médias vont accompagner.

Dans les années soixante-dix, changement de paradigme. L'avènement progressif du câble enterre le besoin d'un « pluralisme interne » des chaînes de télévision : si le spectateur a la possibilité d'accéder à une grande diversité de chaînes, pourquoi imposer à chacune une obligation de diversité de points de vue ? Partisan de la dérégulation, y compris dans le domaine des communications, Ronald Reagan va faire un sort à la Fairness Doctrine en nommant à la tête de la FCC Mark Fowler, qui fait évoluer la position de la commission. En 1987, à la fin du second mandat de Ronald Reagan, la Cour suprême fait tomber la fameuse doctrine, par l'arrêt Meredith Corp. *v.* FCC. En 2011, la FCC vote formellement son abrogation, anéantissant toute possibilité de son retour.

Pour ses contempteurs, la Fairness Doctrine était la condition d'une télévision compassée, gagnée à un progressisme bon ton, érigeant la modération en norme. Pour ses défenseurs, elle a empêché le médium de sombrer dans le divertissement et la propagande. Sans la retenue (relative) imposée par la Fairness Doctrine, les médias d'information peuvent devenir des médias d'opinion et l'éditorialisme triompher du journalisme.

Et c'est ainsi que Fox News voit le jour.

Créé en 1996 par le magnat australien Rupert Murdoch, ce robinet à idéologie, fâcheusement orienté à droite avant même d'être trumpiste, n'aurait pas existé avant 1987. Devenue en 2021 la première chaîne d'info du câble américain, la chaîne ultraconservatrice prend le pas sur CNN. Par un effet de symétrie, à l'autre bout du spectre politique, CNN se radicalise. Plus largement, l'émergence des médias alternatifs conservateurs pousse les médias *mainstream*, attaqués par leurs jeunes rivaux, à adopter des lignes éditoriales plus tranchées.

Les journaux de gauche américains, au premier rang desquels le *Washington Post* et le *New York*

Times, se rêvent en croisade contre l'obscurantisme et pour la vérité, retrouvant un prestige moral perdu auprès des progressistes. En somme, avec des rôles bien attribués, tout semble aller pour le mieux dans le meilleur des mondes : le *New York Times* est passé de 2,8 à 6,9 millions d'abonnés pendant la présidence Trump, tandis que MSNBC, CNN et Fox ont connu des audiences record.

Le problème, c'est la polarisation.

La première conséquence de l'inflation du commentaire au détriment de l'information.

Ainsi, 93 % des gens dont la source d'info première est Fox News ont voté Trump en 2020, 95 % de ceux dont la source première est MSNBC ont voté Biden. Deux Amériques face à face, qui ne se parlent plus, ne veulent plus se voir.

La seconde conséquence est de toute évidence la disparition d'un journalisme mesuré, pluraliste. Cela ne vous rappelle rien ? Ce modèle est en train de gagner la France.

C'est une autre partie de la machine infernale qu'il faut arrêter.

ANTIPOUVOIR

J'ai exercé le métier de journaliste d'investigation pendant une quinzaine d'années avant de diriger une école de journalisme, le Centre de formation des journalistes (CFJ), puis une organisation internationale de défense du journalisme. J'espère disposer des qualifications nécessaires pour ne pas être accusé de faire le jeu de ceux qui détestent le journalisme, mais je dois reconnaître mes doutes sur certaines de ses composantes.

Il y a des biais évidents dans l'exercice de notre métier.

Biais de disponibilité, biais de confirmation et du spectateur, pour n'en citer que quelques-uns.

Le biais de disponibilité correspond à la propension des journalistes à privilégier les informations disponibles, parce qu'ils les ont sous les yeux ou parce qu'elles sont accessibles à la mémoire. Or la réalité n'est pas nécessairement expliquée par ce qui se voit.

Un événement ou un phénomène se voit. Un système, non. Une évolution lente non plus. Une situation générale encore moins. Il est plus facile d'évoquer un accident qu'un principe juridique ou le fonctionnement d'une technologie.

Les médias collent et recollent des étiquettes. Pendant des décennies, le portrait d'une personnalité fera référence à une action ou un mot malheureux qui n'a peut-être duré que cinq secondes dans sa vie.

Mais c'est un souvenir disponible, qui fera ricaner facilement.

Le biais de confirmation est la tendance à confirmer préjugés ou intentions. La notion d'« angle », au cœur du journalisme, est un découpage de la réalité pouvant inciter à collecter des faits dans le sens d'une thèse et à écarter les autres, même de bonne foi. On découpe la réalité en tranches, puis l'on finit avec un avis tranché sans nous rendre compte que nos perceptions sont influencées par le découpage.

Le contraire de la « complexité ».

Le biais de négativité, comme son nom l'indique, correspond à une forme de préférence pour le négatif que nous avons déjà évoquée.

Nous aurions pu ajouter des biais idéologiques, liés au milieu des journalistes et à leurs aspirations.

Il y a enfin un biais qui est celui du spectateur. En physique quantique, le principe d'Heisenberg établit que l'observateur a un effet sur l'expérience.

Il en va de même dans les matières humaines, mais surtout la position du spectateur, qui est celle des journalistes, est à l'origine d'une déformation professionnelle.

Les journalistes, qui sont des spectateurs, peuvent avoir tendance à sous-estimer les difficultés de l'action. L'éditeur de la revue *Le Débat*, Marcel Gauchet, a développé la thèse selon laquelle les journalistes sont devenus, au-delà d'un « contre-pouvoir », un « métapouvoir » puis un « antipouvoir »[1], qui me semble très pertinente.

Étape 1 : comme catalyseur des contre-pouvoirs, le journalisme produit « les conditions d'une compétition loyale pour le pouvoir, de l'extérieur du jeu ». C'est la perception qu'ont d'eux-mêmes les journalistes, notamment les journalistes d'investigation. Leurs enquêtes permettent d'éviter les tricheries et les dominations indues dans la démocratie.

Étape 2 : l'évolution médiatique oblige le politique à « ajuster son discours aux règles de l'information, quitte à essayer de les tourner à son profit ». C'est le métapouvoir. Dans les « démocraties d'opinion », comme l'a formulé l'intellectuel Régis Debray, les hommes politiques deviennent peu ou prou « les valets des journalistes »[2]. La politique est soumise aux impératifs médiatiques.

1. Marcel Gauchet, « Contre-pouvoir, métapouvoir, anti-pouvoir », *Le Débat*, n° 138, 2006.
2. *Revue Médias*, n° 5, juin 2005.

Étape 3 : « Le contre-pouvoir, au lieu de se limiter à empêcher les abus des pouvoirs, en arrive à les incapaciter dans leur action. » L'emprise médiatique sur la vie politique fragilise voire annihile l'exercice du pouvoir démocratique. À force de contester les institutions, le journalisme finit par saper la possibilité même du pouvoir en neutralisant l'exécution des décisions et parfois la prise de décision elle-même.

Si la colère monte, l'impuissance du politique y est pour beaucoup, et les médias sont pour quelque chose dans cette évanescence.

Dès 1978, le grand dissident soviétique Alexandre Soljenitsyne s'offusquait dans *Le Déclin du courage* :

« La presse est devenue la force la plus importante des États occidentaux, elle dépasse en puissance les pouvoirs exécutif, législatif et judiciaire. Pourtant, voyons : en vertu de quelle loi a-t-elle été élue et à qui rend-elle compte de son activité ? Si, dans l'Est communiste, un journaliste est ouvertement nommé comme tout fonctionnaire – quels sont les électeurs de qui les journalistes occidentaux tiennent leur position prépondérante ? Pour combien de temps l'occupent-ils et de quels pouvoirs sont-ils investis ? »

La fragilisation des institutions doit inciter le monde des médias à s'interroger sur les effets de ses pratiques, y compris sur *leurs effets négatifs pour la démocratie*.

Je suis de ceux qui considèrent que la crise de la démocratie est largement une « crise du pouvoir ».

L'affaiblissement des institutions démocratiques est un grand péril, car qui, en dehors d'elles, nous protégera de la prédominance sans scrupule des intérêts privés, et pire encore des régimes despotiques qui sont prêts à ramasser la mise en cas de vacance du pouvoir démocratique ?

Nous ferions bien d'avoir à l'esprit la notion de *pharmakon*, en grec ancien.

À la fois le remède et le poison.

Le remède qui, à haute dose, se transforme en poison.

Évitons que ce soit le cas d'un certain journalisme.

Tel qu'il est conçu dans de nombreux pays occidentaux, en étant fondé sur un appareil critique plus développé que l'appareil constructif, le journalisme peut être un inhibiteur de l'action et un perturbateur du pouvoir démocratique. Nous devons nous demander si certaines de nos pratiques ne finissent pas par saper les institutions démocratiques.

Le journalisme d'investigation est porté sur la dénonciation des turpitudes des élites. Si nous invoquons toujours le « double fond » de la réalité, nous ne saurions nous étonner si les théories du complot prospèrent. Elles ne sont que le prolongement du scepticisme généralisé dans les milieux journalistiques. Si nous amplifions la critique facile, ce qui est indéniablement le cas, alors nous portons préjudice à l'efficacité des démocraties, car nous encourageons l'inaction critique et dissuadons la prise de risques. Plutôt que de nous lamenter sur le déclin de la démocratie, et de critiquer encore et encore « les politiques », nous ferions bien de nous interroger sur nos responsabilités. Lorsque l'abstention aux élections s'accroît, plutôt que jouer les procureurs, nous pourrions en déduire que le journalisme, à force d'encourager les pleurnicheurs et les ronchons, favorise la démobilisation.

Le journalisme est l'un des plus beaux métiers du monde, c'est l'un des plus accessibles (nul besoin de diplômes), c'est aussi l'un des plus difficiles.

Comme il est l'un des plus utiles aussi, il est urgent de renforcer le journalisme de qualité dans la *matrix politica*.

TIERS DE CONFIANCE

Pendant la campagne pour l'élection présidentielle de 2017, nous avions échangé avec l'équipe d'Emmanuel Macron. Je défendais le programme de RSF sur les médias, auprès de chaque candidat. Le dimanche, entre le premier et le second tour, j'ai croisé par hasard le candidat et son épouse qui se promenaient dans le quartier de Montmartre à Paris. Le hasard existe, contrairement aux présupposés des obsédés du complot. La question, c'est ce que l'on en fait. J'ai abordé le futur président à la sortie du bar à vins de la rue des Abbesses où il avait déjeuné, à deux pas de chez moi.

J'ai repris contact à l'automne, en envoyant un petit mot.

Rendez-vous fut fixé pour le 5 décembre 2017.

Autour d'Emmanuel Macron, dans le bureau du premier étage de l'Élysée, pas moins de sept conseillers étaient réunis, dont son conseiller diplomatique, Philippe Étienne.

Nous avons d'abord parlé de la Turquie, alors 155e sur 180 pays au classement mondial de la liberté de la presse. Le président voulait savoir s'il devait faire confiance à son homologue turc, Recep Tayyip Erdoğan, qui l'avait assuré que les journalistes en détention en Turquie étaient tous des membres de la confrérie Gülen, accusée d'avoir fomenté le coup d'État de 2016. Un mensonge, ai-je contesté. Erdoğan avait rempli les prisons turques de journalistes de toutes sortes, même de ceux qui avaient publié des enquêtes à charge contre Gülen au moment où le mouvement était l'allié d'Erdoğan. La Turquie était un « laboratoire d'extinction du pluralisme », rempli de tubes à essais où étaient mélangés des procédures arbitraires, des coupures satellitaires, des pressions économiques, des prises de contrôle abusives et des licenciements politiques.

Emmanuel Macron s'est ravisé (à moins qu'il n'ait prêché le faux pour savoir le vrai) et a immédiatement exposé la nécessité d'agir : « Nous devons diversifier les moyens de pression sur la Turquie en construisant une stratégie avec RSF. »

Nous avions parlé de la Chine, de la Russie, et même de la Guinée.

« Il nous faut réarmer le rapport de force avec les régimes autoritaires. »

Dans sa bouche, il ne s'agissait pas de lancer des guerres de l'information, avec des « armes médiatiques » comme en utilisent des pays autoritaires, mais de se donner les moyens d'un effet de levier sur les régimes dictatoriaux et autoritaires.

Emmanuel Macron assura : « Les journalistes sont des contre-pouvoirs. »

Je lui répondis qu'à mon sens, cette définition ne convenait plus, et pas seulement pour les raisons évoquées au chapitre précédent. D'abord, ils n'ont jamais été des contre-pouvoirs en soi, mais des catalyseurs des contre-pouvoirs. Ensuite, la donne a changé. Tout le monde, aujourd'hui, a accès à des documents, des rapports, des connaissances, et peut diffuser des informations, des théories, des idées, mobilisant les contre-pouvoirs. Les journalistes n'ayant plus le monopole de cette fonction, elle ne les définit plus.

En effet, la définition convenait à une époque où le pouvoir politique était puissant et où le regard extérieur des médias d'information permettait de faire contrepoids à l'opacité et à la structure hiérarchique du pouvoir politique. Une époque où les médias étaient les seuls contre-pouvoirs, du fait de leur monopole sur la diffusion des informations et des idées à grande échelle.

Mais *quid* du rôle des médias d'information dans une époque de faiblesse du pouvoir politique, et surtout de multiplication des contre-pouvoirs ?

C'est pourquoi je soutins devant le président de la République que les journalistes ont vocation à être des « tiers de confiance ». C'est l'expression que j'avais utilisée pour la première fois au

Conseil de sécurité de l'ONU avant l'adoption de la résolution 2222.

Qu'est-ce qu'un tiers de confiance ? Dans le langage économique, il s'agit d'une personne ou d'une personne morale neutre sur qui l'on s'appuie dans le rapport entre deux parties, entre deux contractants. Dans la vie en société, les tiers de confiance, ce sont les officiers d'état civil, les notaires, les juges, les arbitres, les experts qui encadrent ou assurent les bases d'une transaction.

Le parallèle qui s'impose est celui de la démarche scientifique. Le journalisme repose sur une méthode semblable, la possibilité de l'expérimentation en moins. Partant le plus souvent d'une thèse, le journaliste ne se contente pas d'être témoin, il mobilise des connaissances extérieures, entreprend une recherche, confronte des points de vue, recoupe des sources. Comme un fait scientifique, tel que défini par le philosophe des sciences Karl Popper, un fait journalistique est une proposition réfutable sur le principe qui n'a pas encore été réfutée. Des indices (la perception directe, les témoignages, les documents) permettent d'établir une vérité, qui sera récusée si d'autres indices me font changer de vérité. La croyance, religieuse ou politique, n'est en revanche pas réfutable. Elle est un choix, qui dépend de ma volonté plus que des indices.

Le professeur des universités spécialiste des questions d'information Bertrand Labasse qualifie le journalisme de « méso-épistémologie[1] », de demi-science. En effet, sans atteindre la rigueur, le formalisme et l'abstraction de la démarche scientifique, les journalistes contribuent à organiser le savoir et à créer une signification. Leur énoncé ne se situe donc pas au niveau empirique ou intuitif de tout un chacun, dont la capacité à entreprendre ce travail journalistique est entravée par le temps et les capacités.

Si la confiance est là, les citoyens peuvent déléguer aux journalistes le soin de fournir des informations fiables qui vont pouvoir guider leurs choix individuels et collectifs.

Pour le débat politique, pour l'information des citoyens, qui remplit cette fonction ? Vers qui se tourner dans une vie publique où les propos sont contradictoires et les intérêts évidents ?

Le 5 décembre 2017, Emmanuel Macron acquiesce quand je prononce l'expression « tiers de confiance ». Il la reprendra à son compte lors de sa conférence de presse, à l'issue du Grand Débat national.

Cette notion de « tiers de confiance », je l'ai mise en avant dans la Déclaration internationale sur l'information et la démocratie :

« La fonction sociale du journalisme est d'assurer un rôle de tiers de confiance des sociétés et des individus. »

1. « Du journalisme comme une méso-épistémologie », *Communication*, vol. 33/1, 2015.

Comment ?

« Les journalistes peuvent remplir leur fonction sociale à la condition que leurs droits soient protégés, qu'ils puissent travailler librement et qu'ils respectent leurs obligations déontologiques telles que définies dans les grands textes éthiques de la profession. »

Les devoirs :

« Les journalistes doivent s'attacher à traiter l'information de manière à servir l'intérêt général et les droits fondamentaux du public. Ils ne doivent pas considérer l'information comme un produit commercial. Animés par l'exigence de vérité, ils doivent présenter les faits de façon impartiale, en faisant autant que possible abstraction de leurs propres intérêts et préjugés et en rejetant toute forme de connivence ou de conflit d'intérêts. »

L'indépendance éditoriale est une condition *sine qua non*. La conséquence de la vision de cette fonction sociale ?

« Elle crée les conditions de l'équilibre des pouvoirs et rend possible la pleine participation des individus à la société. Elle a pour but de rendre compte de la réalité, de la révéler de la façon la plus large, la plus profonde et la plus pertinente possible pour favoriser l'exercice du droit à la liberté d'opinion. Le journalisme n'a pas vocation à présenter uniquement les événements, mais il doit aussi s'attacher à exposer les situations et les évolutions, de façon complète et inclusive, permettant au public de distinguer l'important du futile. Il lui revient de refléter les aspects positifs et négatifs des activités humaines et de présenter de manière constructive les solutions envisageables pour répondre aux grands défis de l'humanité. »

EN WEEK-END À WISTON HOUSE

Wiston House, un manoir somptueux du XVIe siècle, évoquant aussi bien l'univers de Harry Potter que la série *Downtown Abbey*, se situe à une vingtaine de kilomètres de la station balnéaire de Brighton, sur la côte sud de l'Angleterre. Depuis cinquante ans, le lieu sert de centre de conférences au Wilton Park, le think tank du Foreign Office, le ministère des Affaires étrangères britannique.

Un cadre idyllique, aux pelouses impeccables, où l'on refait le monde avec les manières distinguées des diplomates.

Le temps y semble comme suspendu.

Nous avons été invités à un séminaire intitulé *Fake news : anodines ou intolérables ?* Signe que la notion de « fausses informations », en tout cas leur impact destructeur, ne fait pas encore consensus en ce début 2017…

C'est Thibaut Bruttin, notre directeur du développement et des affaires publiques, que j'envoie au Royaume-Uni pour cette mission relevant plus de la vie de château que de l'aventure risquée. Dans ce genre de conférence, le risque principal, c'est l'ennui, l'engourdissement, ou un surcroît d'embonpoint. L'ambiance, feutrée, luxueuse, va de pair avec le sentiment élitiste de faire partie de ceux qui savent (et peut-être résolvent) les grands enjeux de la planète. Les invités sont (agréablement) logés dans le château et ses dépendances, à l'abri des fracas du monde. Ici, pas de bruits de moteur ou de mouvements populaires.

Le peuple gronde, pourtant. En ce mois de février, les élites politiques et médiatiques sont encore sous le coup d'un double choc.

Le choc du référendum britannique en faveur du Brexit, six mois plus tôt. À peine les bureaux de vote avaient-ils fermé que des responsables politiques qui avaient fait campagne pour le *leave* – quitter l'Europe – reconnaissaient avoir intoxiqué leurs concitoyens avec des chiffres frelatés.

Le choc de l'élection du milliardaire vulgaire et sans scrupule Donald Trump à la présidence de « la plus grande démocratie du monde », trois mois plus tôt. L'homme qui lançait des insultes à la cantonade venait de mettre ses pieds dans les pantoufles de Barack Obama à la Maison-Blanche.

Pour paraphraser *Hamlet* de Shakespeare, il semblait y avoir quelque chose de pourri dans la démocratie.

À Wiston House, pendant deux jours, les invités, représentants de gouvernements, de médias, d'ONG ou de plateformes numériques, vont discuter de la lutte contre la désinformation.

Les voix du Sud résonnent par leur absence, l'immense majorité des participants sont américains ou anglais et Thibaut est le seul Français. Et les médias qui s'expriment font tous un *mea culpa* qui n'en est pas un quand il s'agit d'aborder la question de leur responsabilité.

Non, ils n'en ont pas trop fait en menaçant d'un péril populiste qui pointait du doigt une part entière de l'électorat. S'ils ont failli, c'est de n'en avoir pas assez fait.

Le représentant du *Guardian*, l'illustre quotidien britannique de gauche, à la réputation mondiale, le confesse sans détour : ses journalistes n'ont pas assez montré la réalité de leur pays, ils n'ont pas assez donné la parole aux territoires. Mais, promis, dès qu'ils le feront, la fracture sera réparée, le fossé sera comblé.

À noter que les médias de la côte Est des États-Unis prendront le même type d'engagement : aller explorer la Rust Belt, le fond du Minnesota, comprendre leurs concitoyens exaspérés du fond de l'Amérique.

Vient le tour du délégué de la BBC, la British Broadcasting Corporation, le groupe audiovisuel public à la réputation mondiale encore plus forte, de prendre la parole. Aucun *mea culpa* pour le coup, aucune remise en cause. Il s'exprime avec une fierté intacte, sans rougir : « Ce qu'il faut au Royaume-Uni, c'est plus de BBC ; ce qu'il faut à l'Europe, c'est plus de médias publics ! »

La conclusion est vite tirée. Les deux représentants de la BBC et du *Guardian* font des appels du pied aux plateformes numériques pour mettre en place des partenariats destinés à accroître la visibilité de leurs contenus. Bref, ces grands médias imaginent négocier des avantages avec les géants de la Silicon Valley. Nous sommes sérieux, financez-nous, voilà la logique. Échange de cartes de visite, réponse polie et intéressée des plateformes, avec cet air de ceux qui savent qu'entre égaux, il y a souvent moyen de s'entendre.

Et les autres, alors, les sans-grade de la presse, les gagne-petit, et même les moyens, et les non-Anglo-Saxons ?

Thibaut revient choqué.

Traumatisé serait trop fort, ce n'est tout de même pas l'Afghanistan.

Comment des parties prenantes de la crise démocratique peuvent-elles être aveugles à ce point sur le déficit de confiance qui frappe les pouvoirs publics et les médias ? Comment les médias les plus visibles peuvent-ils négocier ainsi, au détriment des journaux, radios et télés moins puissants, des avantages auprès des réseaux sociaux ?

La colère est mauvaise conseillère, mais de l'énervement peut jaillir une créativité inédite.

Quel mécanisme transparent peut être mis en place pour allouer des avantages significatifs aux médias ?

Quelles procédures peuvent être établies pour attester le sérieux d'un titre de presse ?

Dans le train Eurostar du retour, au milieu de supporters français braillards qui reviennent d'un match, Thibaut rédige une note sur un projet de « certification internationale » des médias. Le processus repose sur une vérification du « respect des règles éthiques » et de la « transparence de leur propriété ». Du respect de ces obligations découleraient des récompenses pour les médias.

Par exemple ?

Un avantage dans le référencement des moteurs de recherche, une vérification automatique des comptes par Twitter, et pourquoi ne pas imaginer que des aides à la presse soient conditionnées ?

Eurêka, nous avions trouvé !

En faisant le lien entre plusieurs de mes lubies depuis longtemps, Thibaut avait eu l'idée d'un mécanisme concret pour favoriser la fiabilité de l'information à très grande échelle.

L'ISO DU JOURNALISME

En quelques semaines, nous allons mettre sur pied les fondements de l'Initiative pour la confiance dans l'information, la Journalism Trust Initiative (JTI), pour améliorer l'écosystème de l'information.

L'idée est la suivante : pour résoudre le problème de la concurrence déloyale entre toutes les sources de contenus sur le Web, nous avons besoin de distinguer celles qui appliquent les règles de base du journalisme et de les favoriser.

Nous parlons bien des modes de production de l'information, à aucun moment du contenu. Il ne s'agit pas de décider de ce qui est véridique et de ce qui ne l'est pas, mais de vérifier l'intégrité de la méthode et de favoriser l'honnêteté.

Comment ?

En créant dans un premier temps un référentiel pour le journalisme sous la forme d'indicateurs sur la transparence des médias, l'indépendance éditoriale, la mise en œuvre de méthodes journalistiques et le respect des règles déontologiques. C'est ce que l'on appelle la normalisation. Le terme renvoie à « norme », pas à « normal ».

Dans un deuxième temps, en favorisant la vérification de la conformité des processus de production de l'information des médias à ce référentiel. C'est ce que l'on appelle la certification.

Dans un troisième temps, en obtenant des plateformes et des annonceurs, notamment, d'accorder des avantages, en termes d'indexation algorithmique et de fléchage des dépenses publicitaires, aux médias qui respectent les règles de base. J'ignore si cela a un nom particulier.

Plutôt que de vouloir blackbouler les médias de désinformation (*blacklisting*, en anglais), il nous semble préférable de favoriser ceux qui sont dignes de confiance (*whitelisting*, en anglais). En gros, nous entendons tirer le système vers le haut plutôt que de chercher à couper les mauvaises branches. Cette méthode négative est souvent inefficace (vu l'ampleur du travail) et très risquée (car menaçante pour la liberté d'expression).

Notre approche est positive.

Les étapes s'enchaînent très vite.

Le 8 mars 2017, nous nous rendons au siège de l'Afnor, l'Agence de normalisation française, près du Stade de France à Saint-Denis. Sa secrétaire générale, Sophie Marain, nous reçoit pour nous présenter cette méthode étrangère aux milieux journalistiques. La normalisation a permis une meilleure circulation des biens et une protection des consommateurs, parce qu'elle permet que les produits soient conformes à des références établies clairement. S'il n'existait pas de normes électriques, votre prise femelle serait sans doute incompatible avec votre prise mâle. Ou peut-être le plastique fondrait-il une fois la prise branchée.

La normalisation est désormais étendue aux services, comme ISO 9001, norme internationale pour le management de la qualité.

Les consultations débutent, d'abord avec des experts de l'Afnor, pour envisager le périmètre de la normalisation, puis avec les parties prenantes, depuis les patrons de presse jusqu'aux annonceurs et aux plateformes.

« Dans le nouveau système de l'espace public, les fausses informations circulent plus vite que les vraies : la défense du journalisme suppose de renverser la logique en donnant un avantage réel à tous ceux qui produisent des informations de manière fiable, quel que soit leur statut. »

Le 3 avril 2018, c'est en ces termes que j'annonce publiquement le lancement de cette initiative d'autorégulation innovante.

À mes côtés figurent des représentants de l'Agence France-Presse (AFP), de l'Union européenne de radio-télévision (UER), qui rassemble des dizaines de médias publics, et du Global Editors Network (GEN). Leur présence envoie un signal fort à la profession. Répondent aussi présents dès le début l'Ethical Journalism Network (EJN), la chaîne allemande ARD, la European Magazine Media

Association, RTL Group, l'Association mondiale des journaux (WAN-IFRA), parmi d'autres.

Le leader des moteurs de recherche, Google, a fait savoir à RSF avoir pris la décision de participer au processus JTI tandis que Stephan Loerke, le P-DG de la Fédération mondiale des annonceurs (FMA), déclare :

« Nous soutenons et encourageons pleinement les initiatives qui garantissent aux marques des environnements numériques sûrs et dignes de confiance. Nous saluons les programmes qui, comme celui-ci, tendent vers plus de transparence. »

Les annonceurs, dans la tourmente parce qu'ils sont accusés d'avoir déserté les médias traditionnels pour des sites aux contenus apparentés à la désinformation, voient dans la JTI un outil qui pourrait à terme leur fournir des critères pour affecter leurs dépenses publicitaires.

Ce travail s'inscrit dans le cadre d'un processus éprouvé : une concertation sous l'égide du Comité européen de normalisation (CEN), ouverte aux acteurs concernés du secteur, médias, associations et syndicats professionnels, instances d'autorégulation comme les conseils de presse et les organismes de réglementation, ainsi que plateformes numériques, annonceurs et représentants des intérêts des consommateurs. Ce n'est que l'adoption des règles, par consensus, qui ouvrira la voie à un processus de certification.

RSF se fixe un horizon proche : douze à dix-huit mois. C'est long à l'échelle du chaos informationnel, court à l'échelle du travail à fournir.

SECRETS DE FABRICATION

Comment définir des indicateurs sur la transparence des médias, l'indépendance éditoriale, la mise en œuvre de méthodes journalistiques et le respect des règles déontologiques ? C'est à cette tâche que vont s'atteler les centaines de participants de la Journalism Trust Initiative au cours de l'année 2018 et jusqu'en novembre 2019, en prenant soin de ne pas réinventer la roue.

Le groupe de travail JTI est placé sous l'égide du Centre européen de normalisation (CEN). Délégués par le CEN, les experts de l'Afnor animent les discussions. Ils conseillent sur le niveau de détails et l'objectivité des critères qui sont établis. Il faut que la JTI donne lieu à une certification, ce qui impose une exigence de précision et une possibilité de vérification, notamment par des auditeurs non spécialisés dans le secteur des médias.

Pour présider le groupe de travail, nous avons opté pour une figure respectée du monde des médias, une autorité morale. Ce sera Claudio Cappon, ancien directeur général du radiodiffuseur public italien RAI. Ancien journaliste des chaînes allemandes ARD et ZDF, Olaf Steenfadt va diriger l'ensemble du projet avec brio. Les comités de rédaction se divisent le travail et sont nourris par les contributions de près de 120 participants venus du monde entier.

Pour éviter que la norme échappe aux journalistes, les comités sont uniquement composés de professionnels, qui représentent des médias tels l'AFP, AP et DPA, la BBC, TV5Monde et France Télévision, le groupe RTL, *Gazeta Wyborcza* (Pologne), *Tagesspiegel* (Allemagne) ou Tamedia (Suisse). Le choix a été fait d'établir une norme européenne pour éviter l'ingérence de pays particulièrement actifs dans le champ de la normalisation, comme la Chine, qui a développé une présence dynamique à l'ISO pour accélérer son entrée dans la mondialisation.

Il n'est pas sorcier (dans l'absolu) de définir les principes journalistiques de base, institués par la charte de Munich des journalistes européens et le code d'éthique de la Society of Professional Journalists américaine. Nous allons nous inspirer de ces corpus existants, mais en les codifiant et en les complétant. Car la transparence sur les propriétaires, la protection de l'indépendance éditoriale ou la prévention des conflits d'intérêts supposent de vérifier le respect d'obligations minimales par d'autres parties prenantes que les journalistes eux-mêmes.

Bref, les journalistes ne peuvent être considérés comme des tiers de confiance que si toutes les procédures dans les médias vont dans ce sens.

Au siège de l'AFP, à deux pas de nos bureaux, au siège de l'Unesco à Paris, au siège de l'UER à Genève, au siège du CEN à Bruxelles, les réunions de travail se révèlent toujours riches et constructives. Alors que les syndicats de journalistes et les représentants patronaux échouent généralement à se parler, au point que la charte de déontologie adoptée par le Syndicat national des journalistes (SNJ) français en 1918 n'a toujours pas fait l'objet d'un accord après plus d'un siècle, nous avons autour de la table des grands médias anglo-saxons ou européens en même temps que le syndicat des journalistes de Taïwan et la fédération des syndicats de journalistes de Corée du Sud, qui comptabilise plus de 10 000 membres.

Nous voulions éviter les trolls, d'où qu'ils viennent. Si JTI a échappé à l'« entrisme » chinois, elle a attiré l'attention des médias et des autorités russes. Très vite, il apparaît que la participation russe est nombreuse : sont présents non seulement le groupe audiovisuel public RTR, et RT France, mais aussi l'ambassade de Russie en France. La Russie est le seul État à être représenté en tant que tel, avec l'Allemagne.

Au début, nous sommes interloqués. Devons-nous écarter les Russes de cette affaire, non pas au motif de leur nationalité bien entendu, mais du fait de leur proximité avec le Kremlin ? Nous prenons le parti de n'en rien faire, car ils auraient alors beau jeu de dénoncer notre intolérance, et c'est le bon choix. Lors de certaines séances, une dizaine de Russes sont présents, des rédacteurs en chef expérimentés et de jeunes conseillères juridiques. À l'oral, les premiers peuvent se montrer caricaturaux, en dénonçant avec facilité des médias légendaires en Occident, comme *Der Spiegel*, du fait d'une affaire de plagiat, mais à l'écrit, les contributions sont approfondies et souvent pertinentes.

Une preuve supplémentaire qu'il vaut toujours mieux se parler.

Bref, une réflexion sur le journalisme à l'échelle mondiale.

Pas seulement une réflexion, un travail concret avec un objectif commun : favoriser le journalisme « digne de ce nom ».

Tout ce petit monde franchit les océans, ou les fleuves pour les plus proches, afin de participer aux ateliers et aux assemblées plénières et de définir les meilleures pratiques, établir les définitions les plus justes.

En juillet 2019, l'essentiel du travail est effectué : un projet de norme est soumis à consultation. Au total, 16 clauses, déclinées en 129 critères. Autant de conditions que les médias devront remplir pour prétendre à la certification JTI. Le 22 novembre 2019, à Bruxelles, l'ordre du jour de la quatrième séance plénière porte sur l'examen des 200 commentaires issus de la consultation numérique.

Les participants russes se font remarquer. Lors de ce dernier atelier, le conseiller politique de l'ambassadeur de Russie en France, Dmitry Demurin, prend la parole : il récuse la légitimité d'une telle initiative, notamment au regard des réglementations nationales spécifiques. Un propos étrange, étant donné qu'une norme établie par le CEN doit évidemment être conforme au cadre réglementaire de l'Union européenne. Mais bien entendu, il se demande quel usage pourrait en être fait en Russie.

Avant la pause déjeuner, le directeur délégué de RTR, Alexey Perevoshchikov, demande l'attention des participants pour exprimer son désaccord avec l'ensemble de l'initiative. Un comble après dix-huit mois de présence assidue ! Perevoshchikov critique sans détour ce qu'il considère comme un processus peu transparent, dont le but réel est selon lui de créer des listes blanches de médias, ce qui appelle à une discrimination positive qu'il juge inacceptable.

Le président de séance, Claudio Cappon, rappelle que la participation aux ateliers était conditionnée à un accord sur le plan initial, approuvé par RTR. Ce deuxième incident de séance laisse craindre une manœuvre conjointe des « Russes de JTI », assis côte à côte dans la salle. Alexey Perevoshchikov déclare que RTR a décidé d'annuler sa participation à l'initiative, qu'elle ne soutient plus, et il quitte théâtralement la réunion à l'issue de la séance matinale.

Le représentant de l'ambassade de Russie, Dmitry Demurin, reprend la parole à l'issue du déjeuner.

Tout en remerciant tous les membres de l'atelier et en déclarant qu'il n'a rien contre l'initiative, il annonce s'opposer à la publication de la norme. Il assure ne pas être convaincu que la JTI sera à l'abri des abus et exprime de sérieux doutes sur l'objectivité de ceux qui certifieront à l'avenir. Cependant, il voudrait continuer à participer au processus…

En définitive, seule l'ambassade de Russie vote contre la norme tandis que RT France s'abstient. Pour le reste, c'est une belle unanimité. La JTI, qui est techniquement un accord d'atelier CEN (CWA), est publiée le 19 décembre 2019 sous le numéro 17493. Dix-huit mois après le déclenchement du processus.

RSF a tenu sa promesse : un cadre de référence du journalisme est né.

LES BLAGUES DE LAVROV

Le ministre des Affaires étrangères russe, Sergueï Lavrov, est un diplomate de haut vol. À l'époque où il était ambassadeur à l'ONU, il épatait les journalistes, et ses collègues aussi, par son sens tactique et sa subtilité. Lors d'une visite à Paris, le 27 novembre 2018, ce maître des relations internationales s'en prend violemment à RSF. Il commence par visiter les bureaux de la chaîne de télévision du Kremlin, RT France. Il est accueilli par la présidente de RT, Xenia Federova. La retranscription des échanges a été publiée sur le site du ministère russe des Affaires étrangères[1].

« Vos bureaux sont un sacré endroit. »

Puis, faisant référence à la gent féminine qui l'entoure : « Il s'avère donc que ces belles femmes minent la souveraineté française », ironise le ministre.

Sous-entendu, comment pouvez-vous accuser ces salariées de RT de participer à une entreprise

1. Communiqué du ministère des Affaires étrangères de la Fédération de Russie, 27 novembre 2018.

de déstabilisation de la France ? Un journaliste se plaint du traitement dont font l'objet les reporters de la chaîne russe dans les manifestations : « Notre collègue s'est retrouvé au centre des événements dimanche dernier, et il a été visé par des gaz lacrymogènes avant d'être touché par un camion à eau. »

Lavrov, qui a manifestement de l'humour, rétorque : « J'ai entendu dire que l'eau fait du bien quand les muqueuses sont exposées aux gaz lacrymogènes, donc le fait que le camion à eau soit venu après était dans l'ordre des choses. »

Une visite empreinte d'esprit plaisantin et d'autodérision. Un journaliste assure au ministre que le désordre règne d'habitude dans la rédaction. Lavrov répond que chacun fait semblant d'être actif quand le patron arrive. Mais soudain, l'échange prend un tour plus sérieux : « La seule chose qui nous inquiète est la nouvelle loi sur les manipulations de l'information », assure un journaliste, faisant référence à la loi adoptée une semaine plus tôt par l'Assemblée nationale et qui vise à répondre aux risques de déstabilisation en période électorale. Emmanuel Macron avait lui-même fait l'objet en 2016 et 2017 d'une avalanche de fausses informations.

L'heure n'est plus à la blague.

« Oui, j'en ai parlé aujourd'hui à Jean-Yves Le Drian, répond Lavrov. Il s'agit non seulement de la législation nationale française, mais également des initiatives internationales venant de Paris, comme nous en avons discuté aujourd'hui, visant à mettre certains médias en liste blanche et à en laisser d'autres en dehors des plateformes. Cette déclaration a été rédigée par Reporters sans frontières. Elle est reprise par plusieurs gouvernements. J'ai demandé aujourd'hui pourquoi les questions relatives aux approches universelles de l'information, fictives ou non, ne sont pas discutées sous un format universel, au sein de l'OSCE pour l'Europe ou des Nations unies, s'il s'agit d'une approche globale. »

Le travail que nous réalisons devrait être mené aux Nations unies, c'est ce que dit Lavrov. Et en effet, il a tenu à ce que la Journalism Trust Initiative figure à l'agenda des discussions officielles avec Le Drian, au même titre que les situations en Ukraine, en Syrie, en Libye et au Yémen. Alors même qu'il s'agit d'une initiative lancée par RSF et où le ministre n'est strictement pour rien.

À la sortie, les deux hommes donnent une conférence de presse commune. Un journaliste a posé une question sur une initiative « de nature antirusse », la British Integrity Initiative[2]. Lavrov assure que, selon ses informations, il s'agit d'une opération de désinformation contre la Russie. Le ministre russe affirme être inquiet, même s'il n'a pas de certitude absolue, mais des présomptions. En réalité, cette question lui sert à lancer une attaque plus générale, et nous sommes dans le viseur : « Nous observons avec préoccupation la mise en œuvre d'un certain

2. *Ibid.*

nombre d'initiatives, pas même secrètement, mais publiquement, dans les pays occidentaux, y compris en Europe. Elles sont par exemple générées par le groupe bien connu Reporters sans frontières, qui vise à définir certains indicateurs de confiance dans le journalisme, les listes blanches, etc. »

Au moins c'est clair, il parle bien de nous.

« Le fait que de nombreux gouvernements en Europe commencent à soutenir cette approche suscite des pensées très déplaisantes, qui nous font considérer que nous avons affaire à une sorte de censure politique. Bien entendu, nous ne voudrions pas que le contenu global de l'information soit modéré à travers le prisme de critères politiques unilatéraux et de motivation politique. »

Je réagis dans un communiqué :

« Les critiques absolument infondées de Sergueï Lavrov à l'égard de l'initiative lancée par RSF traduisent une forme de défiance vis-à-vis d'un journalisme indépendant, rigoureux et respectueux de l'éthique. Rappelons que la Journalism Trust Initiative vise à créer un mécanisme de tiers de confiance, dans lequel ni les États, ni les plateformes, ni naturellement RSF et ses partenaires, ne seront amenés à distinguer certains médias des autres. Notre projet est fondé sur des idéaux de transparence, d'indépendance, de mise en œuvre de méthodes de vérification et de respect des principes déontologiques de la profession, par des mécanismes transparents et non discrétionnaires. Cela n'a aucun sens de parler d'orientation politique. »

Nous ne sommes pourtant pas au bout des critiques de Lavrov.

En novembre 2019, l'Organisation pour la sécurité et la coopération en Europe (OSCE), une institution regroupant 57 États membres, dont les États-Unis et la Russie, organise à Moscou une réunion intitulée « la liberté des médias et la protection des journalistes dans la Fédération de Russie et la zone de l'OSCE : défis et opportunités à l'ère digitale ». Il y a là aussi bien des journalistes travaillant pour des médias proches du pouvoir russe (ou même inféodés au Kremlin), comme RT et Rossia Segodnia, que des médias indépendants (parfois visés par le Kremlin), comme la chaîne Dozhd, le quotidien *Novaïa Gazeta* et le site Internet Meduza, média russe en exil. Quelques jours plus tôt, le représentant de l'OSCE pour la liberté des médias, Harlem Désir, m'a assuré que les autorités russes avaient souhaité ma présence, sans jamais me le faire savoir de manière directe. Nous y avons en fait été représentés par notre correspondant, Andrei Jviblis.

La journée a commencé par un discours préliminaire d'Harlem Désir, puis un autre de Sergueï Lavrov.

« Nous avons besoin d'une plus grande visibilité pour les standards professionnels et l'autorégulation », a insisté Désir.

Mais du point de vue de Lavrov, cela ne peut pas marcher. « Tout le monde a ses propres critères. »

Le ministre cite les différences de valeurs s'agissant des mariages homosexuels en Europe, de l'Ukraine, des terroristes et des sectes.

Un quart de la première session sera consacré à la Journalism Trust Initiative. Le modérateur nous caresse dans le sens du poil, avec plusieurs révérences sirupeuses envers « l'organisation internationale distinguée » qu'est RSF. Ce qui n'empêchera pas Lavrov, lors des « questions-réponses », de qualifier JTI d'« initiative douteuse ».

Ou comment tenter de transformer une norme d'autorégulation en un « mur de Berlin » dans l'information, selon l'expression d'un responsable russe.

LES POUBELLES DE JUNCKER

En mai 2018, quand je pénètre dans son bureau du Berlaymont, le siège de la Commission européenne à Bruxelles, Jean-Claude Juncker n'est qu'une silhouette au fond de la vaste pièce toute en longueur.

Étrangement, cette grandeur ne confère pas à l'endroit un sentiment de majesté mais une impression de vide. Deux canapés, une table basse, des plantes vertes : rien que du mobilier, de la décoration sans qualité, que l'on pourrait trouver dans les bureaux impersonnels de n'importe quelle firme internationale. Depuis des années que j'arpente les couloirs des différents bâtiments des administrations européennes, je suis habitué à ces locaux rationalisés, où chaque fonctionnaire peine à exprimer une touche personnelle (un souvenir de voyages ici, un cadre avec les enfants là), mais je suis frappé que, au sommet des institutions, les mêmes standards s'imposent.

Si son bureau manque de cachet, le président de la Commission est connu pour être un drôle de numéro. En mai 2015, moins d'un an après avoir été désigné président de la Commission, l'ancien Premier ministre luxembourgeois accueillait d'un « Salut, dictateur ! » Viktor Orban en visite, à la stupéfaction générale. La marque d'un politicien qui ne mâche pas ses mots et appelle un chat un chat (et un autocrate un autocrate) ? Un accident de parcours après un déjeuner arrosé ?

« Je suis ravi de vous rencontrer pour parler des enjeux des médias. Tout de même, il faut dire à vos collègues d'arrêter de raconter que je suis alcoolique ! » s'amuse Jean-Claude Juncker d'une voix de fumeur.

En cette fin d'après-midi, à l'instar de bien des décideurs publics, Juncker m'accueille comme si j'étais le porte-parole d'une profession, les journalistes, que RSF n'a pourtant pas vocation (ni prétention) à représenter.

« J'aime la presse mais certains journalistes écrivent vraiment n'importe quoi », poursuit-il.

Ainsi le président de la Commission européenne résume-t-il la relation d'amour et de haine, d'attraction et de répulsion que nombre de dirigeants entretiennent avec les médias. Avec malice, en se levant péniblement, il ajoute : « Vous les journalistes, qui savez tout, avez une opinion sur tout, il faut que vous m'expliquiez comment régler une fois pour toutes mes douleurs de dos. »

Les piques du président courbatu sont des manœuvres d'approche pour tester ma souplesse. Je prends le parti d'en rire. Juncker de changer de ton : le voici qui crie alors son attachement aux journaux, à la fonction essentielle que remplissent les journalistes dans la société. Comme une confession, il déclare avoir toujours rêvé d'être journaliste et se définit comme un boulimique des médias.

Chaque jour, son assistante étale sur sa table les principaux quotidiens du continent, une quinzaine. Un de ses éternels regrets serait de ne pas pouvoir les lire d'un bout à l'autre. Alors, il déchire les pages qui l'intéressent et les jette dans une corbeille qu'il désigne, sous son bureau. Les découpes constitueront ses lectures du dimanche matin, dans le confort de son lit...

Manifestement informé, Jean-Claude Juncker m'interroge sur les avancées de la Journalism Trust Initiative. En trente minutes à peine, nous concluons un accord : il appellera dès ce jour à la nomination d'un représentant spécial de l'ONU pour la sécurité des journalistes, conformément à notre demande, et la Commission européenne soutiendra publiquement JTI si et quand RSF le jugera opportun. Sur la Hongrie, malgré son propos « visionnaire » à l'encontre de Viktor Orban, comme il le dit lui-même, Juncker semble démuni. Trois mois plus tard, le Parlement européen enclenchera la procédure dite de l'article 7, visant à sanctionner un État membre en raison d'une grave détérioration de l'État de droit. Au moment où j'écris ces lignes, la procédure n'a pas abouti...

Après les élections européennes de 2019, et la nomination d'Ursula von der Leyen à la présidence de la Commission, nous intensifierons nos échanges, notamment avec Thierry Breton, le commissaire français chargé du Digital Services Act et du Digital Markets Act. Ancien industriel, Breton est un connaisseur des processus de normalisation et de certification, et il est très intéressé. Nous échangeons beaucoup aussi avec Věra Jourová, la commissaire tchèque, chargée de la Transparence et des Valeurs qui va apporter un soutien public majeur.

Ce sont des pas importants.

LE « BÂTON CHINOIS »

À quoi reconnaît-on une idée susceptible d'avoir un impact ?

Au nombre d'acteurs installés d'un système qui s'y opposent.

Il n'y a pas que le Kremlin auquel la JTI ne plaît pas.

Dans un éditorial publié le 2 octobre 2021, le rédacteur en chef du média officiel chinois *Global Times*, Hu Xijin, s'en prend violemment à RSF, considérée comme une organisation « très anti-Chine ». Dans une diatribe souvent incohérente, Hu assure que RSF a « évidemment tenu compte du facteur Chine » au moment de lancer JTI, « afin de créer une nouvelle barrière pour empêcher les voix chinoises d'être entendues dans le champ de l'opinion publique internationale ».

« Remplis de fanatisme idéologique », nous serions hostiles par principe à ce « pays socialiste » qu'est la Chine. L'éditorialiste du *Global Times* nous prête de très grandes ambitions : notre objectif serait de construire « un royaume spirituel » inconciliable avec l'empire du Milieu, auquel nous voulons naturellement nuire. Selon lui, RSF n'est rien de moins que « l'un des pires menteurs du monde contemporain », au point de « construire une alliance de mensonges » contre Pékin.

Le rédacteur en chef jure que dans le champ de l'opinion publique chinoise, dans la *matrix politica* de Pékin, on « peut toujours découvrir et rendre compte de différents problèmes en temps et en heure » et « faire pression pour résoudre ces problèmes ».

Magnifique langue de bois.

Son éditorial nous accuse de vouloir « contrôler Internet ». Une ONG occidentale n'est pas en mesure « de modifier ou d'inverser la logique de la diffusion de fausses informations sur le Net », s'offusque-t-il. La violence de ses termes traduit une certaine fébrilité.

« Tel un chien sauvage, RSF hantera de temps en temps le chemin de la Chine. Par conséquent, nous devons avoir un bâton dans nos bagages lorsque nous allons de l'avant. »

Nous domestiquer, voilà son rêve.

Ce que nous cherchons, c'est simplement que soient mis en œuvre dans la *matrix politica* des mécanismes de promotion de la fiabilité de l'information, et cela n'est pas du tout l'expression d'une préférence pour une vision culturelle chinoise, russe, américaine ou française. Nous ne défendons pas les intérêts d'un pays contre un autre.

Néanmoins, les démocraties libérales demeurent à l'évidence plus attachées à la défense de l'information factuelle que tous les autres régimes, *a fortiori* que le régime chinois qui en est un ennemi.

Et c'est bien de ces démocraties que nous avons reçu des soutiens.

En 2021, alors que se profile le Sommet pour la démocratie organisé par Joe Bien, nous avons des contacts réguliers avec l'équipe de la Maison-Blanche chargée de son organisation. Les conseillers du président américain nous disent vouloir nous soutenir, car ils n'ont pas beaucoup de propositions structurelles permettant de changer la donne en faveur de la démocratie. Ils ont même envoyé une note aux 111 États faisant mention de l'intérêt de la Journalism Trust Initiative. Au mois de juillet précédent, l'organisme américain indépendant qui accrédite les certificateurs, ANAB, a été le premier à se saisir de la norme JTI et à ouvrir le marché.

L'Europe va suivre.

Si JTI doit demeurer une initiative d'autorégulation, les gouvernements démocratiques peuvent apporter une contribution sérieuse. Ils peuvent inciter les plateformes numériques et les annonceurs à utiliser désormais ce critère.

Mais ils peuvent aussi l'utiliser eux-mêmes, pour des décisions pertinentes en matière de financement du journalisme. Les agences de développement qui allouent des fonds au développement des médias pourraient le mettre en œuvre. L'agence de développement américaine, l'Usaid (une contraction de USA et aide), a lancé une réflexion. Un fonds pour les médias d'intérêt public, d'ores et déjà doté de 30 millions de dollars, et dont la création a été annoncée par le secrétaire d'État américain, Antony Blinken, fondera ses décisions sur JTI.

Au cours du Sommet organisé par Joe Biden, le président français Emmanuel Macron annonce que le fonds pour le développement créé deux mois plus tôt lors du sommet Afrique-France à Montpellier, et Canal France International (CFI), l'opérateur du ministère des Affaires étrangères en matière de développement des médias, feront de JTI un critère de décision pour leurs financements.

Par la suite, nous en sommes convaincus, l'allocation des fonds de soutien au journalisme sur le plan national aura besoin de renouveler ses critères, et JTI est jusqu'à nouvel ordre la proposition la plus sérieuse sur la table.

Notre feuille de route est claire. Pour avancer, nous avons besoin d'inciter tous les acteurs, sur tous les continents. Dans les pays du Sud, nous avons lancé JTI Campus, une coalition d'organes de développement des médias qui se serviront de JTI pour leurs formations ou l'ensemble de leurs opérations. Dans les pays du Nord, des groupes de médias importants sont déjà précertifiés ou en voie de l'être, comme France Télévision, Swiss Public Broadcasting, CBC/Radio-Canada, Schibsted, Associated Press, Radio Free Europe, Radio Liberty et tant d'autres.

Il nous reste encore du travail sur la table. Le plus difficile, nous le savons, sera de convaincre les plateformes numériques de tenir compte de ce critère, ou de faire en sorte qu'elles y soient contraintes. Lors de notre premier entretien, le patron de Google News, Richard Gingras, nous avait mis en garde. Le soutien du moteur de recherche ne nous serait pas facilement acquis. La société n'aime pas qu'on lui dise comment gérer ses algorithmes.

En mars 2018, il nous aura fallu mobiliser tous les arguments pour obtenir l'aval de Gingras et la participation de Google à la Journalism Trust Initiative (JTI). Tout y est passé, en particulier la menace du coup de bâton de la régulation étatique et la carotte de l'engagement décisif de Google pour la sauvegarde du journalisme.

Toujours la logique du rapport de force.

À la réflexion, Gingras avait compris que Google ne perdrait rien à rejoindre la JTI et pourrait bien y gagner. L'exercice s'était résolu par la diplomatie : les termes exacts de l'annonce de l'implication de la société (« participation » et non « soutien ») dans le communiqué de lancement ont été discutés autant que ceux d'une déclaration dans les sommets internationaux.

En 2019, le représentant de Google dans les réunions de JTI avait annoncé que la firme ne pourrait pas fonder l'indexation algorithmique exclusivement sur JTI. Nous en étions convenus. Maintenant, il reste à l'utiliser tout court.

Mais il y a de quoi être optimiste, car le dispositif que nous avons créé mobilise des centaines d'acteurs dans le monde. Il est perçu comme une solution radicale et transparente pour favoriser le journalisme comme « tiers de confiance », le journalisme utile à tous les citoyens et êtres humains pour prendre les meilleures décisions.

Le mécanisme de la Journalism Trust Initiative est une solution de marché fondée sur un critère de distinction transparent pour favoriser le journalisme de qualité.

C'est du niveau « micro ».

Comme on dit « micro-économie ».

Mais il nous fallait travailler aussi au niveau « macro », c'est-à-dire sur l'organisation de la matrice, au niveau des entreprises du numérique, qui créent désormais les normes et les architectures de choix de la délibération publique. Nous ne pouvons plus leur laisser le pouvoir de décider de ce que nous voyons, de ce qui est vrai, de garder leurs lois secrètes, et tout cela en dehors de tout contrôle démocratique.

Le « bâton chinois » ne nous détournera pas de cet objectif.

Partie V

LA CONTRE-OFFENSIVE DÉMOCRATIQUE

TEMPÊTE D'IDÉES À L'ÉLYSÉE

Dans les semaines suivant l'attentat contre *Charlie Hebdo*, qui avait provoqué un déclic sur des enjeux dépassant largement les dessins et la satire, j'avais rédigé une note « pour un sommet international sur la liberté et l'indépendance de l'information » à l'intention de François Hollande, alors à l'Élysée. Je proposais une réunion de chefs d'État et de gouvernement, ou une conférence de la société civile, que la France pourrait organiser avec d'autres pays, sur convocation de l'Assemblée générale des Nations unies ou de l'Unesco. Lors d'une discussion avec le directeur de cabinet du président, j'avais suggéré l'adoption d'une convention internationale et d'un plan d'action, avec un organe chargé de formuler des recommandations, de recevoir des plaintes ou de lancer des actions concrètes.

Mon document préconisait l'adoption d'une charte éthique internationale pour garantir des modes de collecte, de production et de diffusion de l'information conformes aux principes de liberté et d'indépendance. Portée par les Nations unies, cette référence mondiale serait un outil puissant dans la promotion d'une information libre, indépendante et responsable. En raison de son histoire et de ses valeurs, de la mobilisation après la tragédie et de l'exemple donné au monde, la France me paraissait légitime pour porter ce combat sur la scène internationale.

François Hollande n'a pas donné suite.

Fin 2017, j'ai eu plus de succès avec son successeur, Emmanuel Macron.

Pour notre premier entretien, j'avais préparé une note de trois pages, plus élaborée que celle que j'avais envoyée à Hollande (j'avais eu le temps de mûrir mon idée), sur la crise de la confiance et la montée en puissance de contre-modèles. Le document énumérait les menaces pour la liberté d'opinion et la démocratie, à savoir le dirigisme médiatique, l'information sponsorisée, les *fake news*. Je regrettais l'absence de cadre juridique pour les NBIC : nanotechnologies, biotechnologies, technologies de l'information et sciences cognitives. Je critiquais la domination des Gafam et des BATX sur l'accès à l'information et décrivais les tentatives chinoises et russes d'imposer des contre-modèles.

La note préconisait une réponse holistique aux problèmes inédits du système de l'espace public global. Comment les démocraties peuvent-elles s'assurer que ce système technologique ne leur est pas nuisible ou hostile ?

Ma conviction, c'était que le droit international est lacunaire sur les responsabilités de la liberté d'expression, au-delà même de la question des médias. Comme les lois nationales sont devenues inopérantes et que l'éthique des journalistes ne s'applique au mieux qu'aux journalistes, le système ne tient plus. Il était urgent d'articuler démocratie, droits de l'homme et déontologie de l'information, et de remédier aux décalages entre la portée nationale du droit et la dimension transnationale des distributeurs d'information.

La société de l'information fait depuis un demi-siècle l'objet d'initiatives sur le plan international. Les travaux portent sur les infrastructures technologiques, l'informatisation et les réseaux, sur les tuyaux, sans intérêt pour ce qui y transite. Toutefois, la matrice imposée par les plateformes répond désormais à une logique marchande. Ce qui est très différent d'un monde où la logique marchande venait soutenir (et parfois influencer) des médias du fait du financement publicitaire.

Quelles conséquences en ont été tirées ?

Pas grand-chose.

J'avais à l'idée de créer une « exception de la discussion publique », sur le modèle de l'exception culturelle, afin que le système de l'espace public soit fondé sur des logiques d'intérêt public et de démocratie plutôt que soumis aux seules lois du marché.

Dans la note que j'avais rédigée à grands soins, je développais le projet de créer une commission internationale, composée de personnalités et de « sages », pour définir une position de référence sur ces questions compliquées. Je préconisais que la France et l'Union européenne organisent à Paris un sommet ou un forum réunissant des chefs d'État et de gouvernement et la société civile, à la manière d'une COP de l'information, sur la base du texte que publierait la commission en question.

À ma surprise, le président a engagé une conversation de fond. Les échanges avec les plus hautes personnalités, *a fortiori* les chefs d'État et de gouvernement, relèvent souvent d'un exercice formel où chacun pousse ses positions sans vraiment dialoguer. Pour une fois, c'était un *brainstorming*, comme disent les Anglo-Saxons, une « tempête d'idées » selon la traduction des Québécois.

J'ai vu à l'œuvre la mécanique intellectuelle. Le chef de l'État a déroulé une argumentation, comme s'il était un spécialiste, sur la nécessité urgente de soutenir le journalisme et de contre-attaquer face à la propagande. Il a parlé de la crainte que lui inspire la vulnérabilité du journalisme dans un contexte marqué par l'avènement des « démocraties illibérales », et des risques que cela représente pour la démocratie. Il s'est montré très intéressé par la présentation d'initiatives à portée européenne et mondiale prises par et depuis la France.

Le président de la République était sur la même ligne que nous. Il utilisait les mêmes mots, les mêmes concepts. Il déroulait le même raisonnement. Je plaisantai : « Vous aviez placé un agent secret près de la photocopieuse où nous avons imprimé le document ! »

Macron a posé la note sur la banquette et a dit « banco ». Nous avions un premier soutien de poids. C'est ainsi qu'a commencé toute cette histoire.

LA PETITE BANDE DES NOBEL

En tant qu'organisation de défense des droits de l'homme, nous avions longtemps invoqué le droit en défense. Nous formulions des « arguments de droit », c'est-à-dire que nous nous fondions sur des règles de droit international ou des lois nationales en vigueur. Nous faisions campagne pour des journalistes victimes d'accusations arbitraires, nous réclamions pour eux un procès équitable, rédigions des souscriptions volontaires dans les procédures, des *amicus curiae*.

Il arrivait que nous accusions les lois de violer les principes généraux du droit. Nous clamions que telle loi dans tel pays n'était pas conforme au droit international. Puis nous avons inversé la vapeur. De la défense, nous sommes passés à l'attaque.

Mais je voulais aller plus loin que la défense, plus loin que l'attaque.

En participant à la définition du droit lui-même.

En inspirant de nouvelles doctrines juridiques.

Le détenteur du pouvoir n'est pas celui qui applique la règle, mais celui qui définit la norme. Si l'on veut changer la vie, ou le monde, il faut obtenir des inflexions juridiques. Comme journaliste d'investigation, j'avais enquêté sur la gouvernance mondiale, la captation oligarchique du pouvoir, et le fonctionnement de l'Union européenne. Dans *Circus politicus*, le livre rédigé avec mon confrère Christophe Dubois[1], nous dévoilions le théâtre d'ombres de la vie politique. La neutralisation (ou la limitation) du suffrage universel par le cadre juridique.

J'avais découvert que ce pouvoir normatif, dont les puissances d'argent savent tirer parti avec un brio très discret, était aussi à la portée de certaines associations. Cela peut sembler loin de notre sujet, mais nous avions découvert qu'une organisation de Londres, l'International Accounting Standards Board, avait établi de nouvelles normes comptables qui avaient été intégrées aux législations nationales, une à une. Cette association avait fini par modifier l'organisation économique du monde.

Il nous fallait procéder de même.

C'est pourquoi nous avons commencé par lancer la rédaction de la Déclaration sur l'information et la démocratie.

Pour poser une nouvelle doctrine.

Pour cela, j'avais décidé de créer une commission.

1. Christophe Deloire et Christophe Dubois, *Circus politicus*, Albin Michel, 2012.

Nous nous lançons au printemps 2018. Il n'y a pas grand monde autour de la table, au début. Trois personnes.

Une très jeune chargée de plaidoyer de RSF, Isabelle Amossé, notre responsable juridique, Paul Coppin, et moi.

Paul récapitule l'ensemble des normes internationales sur la liberté d'opinion et d'expression, sur l'accès à l'information et sur le journalisme : textes fondamentaux sur les droits de l'homme, résolutions de l'ONU, de l'Unesco et du Conseil de l'Europe, chartes éthiques du journalisme.

C'était la matière première que nous allions retravailler.

Nous rédigeons les premiers documents de présentation, dans lesquels nous expliquons que RSF a décidé de créer une commission indépendante de quinze personnalités issues de tous les continents. Nous établissons sur un coin de table des listes de grandes personnalités dont nous rêvons pour composer la commission.

Et commençons à passer des coups de fil.

À écrire des lettres.

Nous prenons d'abord contact avec le bureau de l'ancien secrétaire général des Nations unies, le Ghanéen Kofi Annan, pour lui proposer de coprésider la commission avec moi. Ses collaborateurs tardent à répondre. Impatients, nous nous demandons pourquoi ils nous font lanterner. Nous en comprendrons bientôt la raison quand les journaux annonceront le décès de Kofi Annan le 18 août 2018, soit un mois avant la première réunion de la commission.

Finalement, je propose la coprésidence à l'une de nos connaissances dans le champ des droits de l'homme, Shirin Ebadi, ancienne magistrate et avocate iranienne, lauréate du prix Nobel de la paix en 2003. Même si les technologies ne sont pas sa spécialité, Shirin se montrera épatante.

Heureusement, les bonnes nouvelles volent en escadrille, comme les ennuis. Une version positive de la loi des séries.

Le 14 juin, alors que je suis à la gare du Nord à Paris dans un train en partance vers Bruxelles, je reçois un coup de fil d'un homme pour lequel je nourris une grande admiration. Lauréat du prix Nobel d'économie « pour ses contributions à l'économie du bien-être », Amartya Sen est un théoricien majeur du développement, il a posé les bases du « choix social », des « capabilités » et des « libertés substantielles ». Cet économiste et philosophe indien m'annonce être très intéressé, mais me demande du temps pour une confirmation définitive car il a pour principe de refuser ce genre de propositions. Il est trop sollicité. Il confirmera néanmoins son accord quatre jours plus tard. Nous avons donc avec nous l'auteur de *La Démocratie des autres*, l'un des intellectuels les plus respectés du monde.

Moins d'un mois plus tard, le 12 juillet, l'écrivain péruvien Mario Vargas Llosa nous écrit de Madrid.

Ce prix Nobel de littérature, auteur de *La Fête au bouc*, l'un des écrivains les plus célèbres de la planète, nous fait part de son enthousiasme : « Il me semble que l'initiative de Reporters sans frontières est magnifique et surtout très opportune. Les prétendues postvérités, qui ne sont pas que des mensonges déguisés, sont en train de faire de véritables ravages à l'information de notre temps et cela a des conséquences politiques catastrophiques pour les institutions démocratiques. »

Vargas Llosa est libéral et conservateur. En 2010, il s'était présenté à l'élection présidentielle dans son pays, et avait perdu au second tour. La commission doit être diversifiée, la plus équilibrée possible, sur le plan politique.

Ensuite tout s'enchaîne, comme un jeu de dominos.

Accepte à son tour le célèbre économiste Joseph Stiglitz, prix Nobel d'économie, qui a théorisé les asymétries informationnelles.

Viennent aussi le codirecteur du Berkman Center de l'université d'Harvard, Yochai Benkler, auteur d'un livre puissant, *La Richesse des réseaux*, spécialiste reconnu des problématiques politiques et technologiques d'Internet.

L'ancien secrétaire général de l'Organisation internationale de la francophonie, Abdou Diouf.

La célèbre journaliste des Philippines, Maria Ressa, dont nous avons déjà parlé.

L'ancien rédacteur en chef de *Cumhuriyet* en Turquie, Can Dündar, avec qui j'avais mis vingt minutes à traverser la célèbre rue Istiqlal d'Istanbul peu après sa libération, signe de sa popularité. À son entrée dans un restaurant russe autrefois prisé d'Atatürk, dans le quartier de Beyoglu, les gens s'étaient levés pour l'applaudir.

Le Danois Ulrik Haagerup, fondateur du Constructive Institute de l'université d'Aarhus, que nous connaissons : après avoir dirigé l'audiovisuel de son pays, il s'est lancé dans une campagne contre la négativité des médias.

L'Américaine Maria Walker Guevara, numéro deux de l'International Consortium of Investigative journalists, cette organisation basée à Washington qui fait collaborer des journalistes du monde entier pour proposer des révélations comme les Offshore Leaks et les Panama Papers.

La grande juriste française, Mireille Delmas-Marty, professeur émérite au Collège de France, spécialiste de droit international, auteure d'*Une boussole des possibles*[2].

L'avocate nigériane Hauwa Ibrahim, lauréate comme Reporters sans frontières du prix Sakharov, le prix du Parlement européen pour la liberté de l'esprit.

Mais aussi Francis Fukuyama, l'auteur de *La Fin de l'histoire*, dont nous avons parlé au début de ce livre. Un penseur qui demeure extrêmement

2. Mireille Delmas-Marty, *Une boussole des possibles : gouvernance mondiale et humanismes juridiques*, Collège de France, 2020.

stimulant, même si la fin de l'histoire, sous la forme de la démocratie libérale, n'aura jamais lieu, en tout cas pas de sitôt.

Adam Michnik, directeur de la publication de *Gazeta Wybocza* en Pologne, figure de la résistance au communisme.

Et cætera.

Bien entendu, nous avons essuyé des refus, comme ceux du philosophe allemand Jürgen Habermas, auteur de *L'Espace public*[3], et du professeur d'études européennes à l'université d'Oxford Timothy Garton Ash, auteur de *Facts are subversive*[4] et de *Free Speech*[5].

En tout cas, nous voilà armés intellectuellement.

Nous voilà dotés d'une Commission internationale sur l'information et la démocratie, composée de 25 personnalités de 18 nationalités différentes.

Il ne reste plus qu'à préparer le travail.

---

3. Jürgen Habermas, *L'Espace public*, *op. cit.*

4. Timothy Garton Hash, *Facts are Subversive : Political Writing from a Decade without a Name*, Atlantic Books, 2009.

5. Timothy Garton Hash, *Free Speech : Ten Principles for a Connected World*, Yale University Press, 2016.

11 SEPTEMBRE 2018

Le 9 septembre 2018, Reporters sans frontières publie un communiqué annonçant la création de la Commission sur l'information et la démocratie : « RSF lance la rédaction d'une Déclaration sur l'information et la démocratie, soixante-dix ans après la Déclaration universelle des droits de l'homme. »

Cette référence aux travaux d'Eleanor Roosevelt et René Cassin et à l'adoption en 1948 par l'Assemblée générale des Nations unies d'un des plus grands textes de l'histoire de l'humanité est sans doute prétentieuse. En tout cas, nous avons pour projet de garantir la liberté d'opinion et d'expression à l'ère numérique. Nous constatons qu'à l'époque des « orateurs manipulateurs », la liberté d'expression, garantie par l'article 19 de la Déclaration universelle, est détournée de son sens et utilisée pour détruire la démocratie qui protège la liberté d'expression. Le principe de responsabilité semble s'être dissous.

La Commission se réunit pour la première fois le 11 septembre 2018, au premier étage de la Maison de l'Amérique latine à Paris. Cet ensemble de deux hôtels particuliers, devenus à la fin de la Seconde Guerre mondiale un lieu de réception de la communauté diplomatique latino-américaine à Paris, a l'avantage d'être situé sur le boulevard Saint-Germain, sur la rive gauche de la Seine, et de disposer d'un magnifique jardin.

Cette réunion sera jubilatoire.

Une fête de l'esprit.

Les intervenants manient les concepts comme les réalités les plus prosaïques.

Je me souviendrai des fulgurances de Shirin Ebadi, qui a parfaitement saisi les enjeux informationnels, des prises de parole lucides et créatives de Maria Ressa, de la rugosité pertinente du codirecteur du Berkman Center, Yochai Benkler, de la puissance d'Aidan White, ex-président de la Fédération internationale des journalistes (FIJ), pour évoquer l'idéal de vérité des journalistes.

Je me souviendrai de Hauwa Ibrahim, la défenseure nigériane des droits des femmes, qui, en conclusion de la première réunion, nous raconta comment elle avait emmené des mères de victimes dans des prisons pour que les terroristes de Boko Haram acceptent enfin de parler. Je retiendrai avec émotion les scrupules rédactionnels de la grande juriste Mireille Delmas-Marty, avec qui nous avons travaillé les moindres détails, jusqu'aux virgules, lors de longues réunions bilatérales, et qui m'a semblé être une intelligence en action.

Enfin, je n'oublierai pas, lors d'une autre réunion bilatérale, l'intelligence de Joseph Stiglitz, expliquant la différence de traitement entre le monde politique et le monde économique. Dans le business, certains mensonges (sur la comptabilité des entreprises, sur les conflits d'intérêts) sont interdits, considérés comme des crimes ou délits.

Dans la vie politique, ils sont autorisés.

Un paradoxe.

Nul au sein de notre commission n'a considéré qu'il convenait d'interdire le mensonge, ce qui mènerait à des dérives autoritaires, mais il y avait tout de même des conclusions à tirer.

Il nous faudra moins de deux mois pour rédiger la Déclaration sur l'information et la démocratie.

Une gageure.

Son titre : « L'espace global de l'information et de la communication : un bien commun de l'humanité ».

Un texte de six pages.

Près de 2 000 mots.

Le lecteur d'une déclaration solennelle peut se sentir comme un touriste devant des hiéroglyphes, sans avoir une vocation de Champollion. S'il ne ricane pas, ce lecteur perçoit une étrangeté indéchiffrable et, faute de sous-titres, peut croire que des phrases solennelles ne sont que des répétitions.

La Déclaration sur l'information et la démocratie est pourtant, sur le plan de la doctrine comme de certains principes, un texte qui s'attache à apporter des réponses inédites à des problématiques nouvelles.

Sur une dizaine de points, elle pousse plus loin des évolutions historiques.

Commençons par le titre : « L'espace global de l'information et de la communication : un bien commun de l'humanité ». Issu de la théologie (chrétienne) et de la philosophie (grecque), reprise par les économistes (contemporains), le « bien commun » désigne le patrimoine d'une communauté, qui ne saurait faire l'objet d'une appropriation particulière. En 1954, l'économiste américain Paul Samuelson, qui recevra le prix Nobel en 1970, a affirmé qu'un « bien collectif » peut être défini par deux critères, la « non-exclusion » et la « non-rivalité ». En résumé, on ne peut exclure personne de son usage, et l'usage par un individu n'empêche pas un même usage ou un autre usage par un autre.

Affirmer que « l'espace global de l'information et de la communication est un bien commun de l'humanité », c'est affirmer que l'espace où nous échangeons les idées et les informations appartient à tous, qu'aucun pouvoir ne saurait s'en arroger l'organisation ou l'usage.

Souvenons-nous de la place du village de nos ancêtres.

À Athènes, la colline de la Pnyx, où siégeait l'*ecclesia*, l'assemblée des citoyens, et un peu en dessous la place principale, l'agora, appartenaient à tous.

Dans la Rome antique, le forum, entre le Capitole et le mont Palatin, était le lieu de rassemblement pour la politique et le commerce.

L'histoire des démocraties est une histoire de la délibération dans un espace commun.

Le préambule établit que ce bien commun « relève de la responsabilité de l'humanité tout entière, par l'intermédiaire d'institutions démocratiques, dans le but de faciliter la communication entre les individus, les cultures, les peuples et les nations, au service des droits humains, de la concorde civile, la paix, la vie et l'environnement ». Ainsi, l'espace numérique doit échapper à la logique marchande, et sa gestion relever d'institutions indépendantes et représentatives de la diversité de l'humanité.

Vous, Mark Zuckerberg, vous, Xi Jinping, vous n'avez pas le droit de vous arroger cet espace.

Internet n'est pas à vous.

Le lieu où nous échangeons les idées et les informations n'appartient ni aux tyrannies privées ni aux despotes étatiques.

La première partie porte sur « les entités qui créent les moyens techniques, les architectures de choix et les normes de l'information et de la communication ».

À savoir les plateformes et les réseaux sociaux.

Nous les avons appelées « entités structurantes », c'est-à-dire les entités contribuant à la structuration de l'espace informationnel. Trois ans plus tard, le Digital Services Act européen parlerait de plateformes systémiques.

Nous leur déléguons l'organisation de l'espace public, et cela ne saurait aller sans le respect de certaines obligations. Quand elles créent les moyens techniques, les normes et les architectures de choix, ces entités structurantes doivent être gérées en fonction d'impératifs démocratiques. Cet objectif prévaut sur les intérêts des actionnaires des sociétés technologiques et même sur les besoins individuels de leurs clients.

Souvent, dans la vie économique, plus vous êtes grand, puissant, moins vous êtes responsable. Certains sont même *too big to fail*, si gros qu'on ne les laissera pas tomber. Là, nous posons le principe inverse : trop gros pour échapper aux responsabilités.

Leurs conditions générales d'utilisation, les CGU, doivent être conformes au droit international. Elles doivent écarter les contenus qui méritent de l'être, et ne pas censurer les contenus autorisés. Nous affirmons aussi que les activités des plateformes doivent respecter le principe de neutralité politique, idéologique et religieuse. Dans les démocraties, l'organisation de la place publique ne doit pas favoriser telle religion ou telle conviction. À chacun de porter les siens. Dans les régimes autoritaires, cette neutralité n'existe pas. En Chine, l'espace public (législation, infrastructures) est orienté par les directives du Parti communiste. En Iran, par la loi religieuse telle qu'interprétée par le Guide suprême. Mais la neutralité doit valoir également vis-à-vis de l'argent. Nous indiquons que les systèmes qui diffusent et traitent l'information et les idées doivent être neutres à l'égard des intérêts de ceux qui les contrôlent, à l'exception de la publicité, qui doit être identifiée de façon explicite.

Les entités structurantes doivent promouvoir la diversité des idées et informations, le pluralisme des médias et favoriser la sérendipité. Les outils utilisés pour l'indexation et la curation – c'est-à-dire l'agrégation, le tri et la hiérarchisation de l'information – doivent autoriser le recours à des solutions alternatives, permettant un pluralisme de l'indexation, favorisant ainsi la liberté de choix de l'utilisateur.

Sur la proposition de Mireille Delmas-Marty, la Déclaration établit que l'espace de la communication et de l'information appartient à l'humanité, à celle d'aujourd'hui, mais en tenant compte de celle de demain. Il doit préserver et renforcer nos capacités à affronter les défis de notre temps, à anticiper notre destin commun et à rendre possible un développement durable prenant en compte les droits et intérêts des générations futures.

En résumé, nous avions défini une série de principes fondamentaux pour l'espace global de l'information et de la communication. Les principes, ce n'est pas concret ? Les principes, c'est ce qui fonde le schéma d'organisation, c'est le cœur de la matrice. En réalité, tout en découle. Nous venions de poser les bases d'une nouvelle logique, fondée sur des aspirations démocratiques plutôt que sur les intérêts des plateformes.

Nous avions lancé la révolution démocratique que Shoshana Zuboff appelait de ses vœux.

LE DROIT À L'INFORMATION

Avec la commission, nous avons posé les bases d'une révolution de la doctrine juridique. Un renversement de la logique du droit, prolongeant une évolution historique.

Une révolution sans barricades ni violences.

Nous avons redéfini « le droit à l'information ».

En développant la notion de « droit à l'information fiable ».

Jusqu'à présent, ce qu'on appelait le « droit à l'information », c'était le droit des médias et des citoyens d'accéder à l'information publique et le droit des individus de recevoir l'information des médias.

Ce droit était édicté en partant du principe que l'accès à l'information publique ou aux médias était synonyme d'accès à des vérités factuelles. L'idée sous-jacente, c'est que l'information des médias pouvait être considérée *a priori* comme fiable, du fait des méthodes et de l'éthique journalistiques. La liberté de la presse était une condition évidente pour éviter le détournement ou l'empêchement de ce droit.

Mais voilà que nous nous retrouvons à l'ère de l'explosion de la communication, où les manipulateurs, les hurluberlus, les « influenceurs » qui ont quelque chose à vous vendre pullulent sur le Web, à l'ère où les producteurs de contenus peuvent truquer vos choix démocratiques, influencer vos choix individuels contre vos propres intérêts, sur la base d'informations non vérifiées voire trafiquées. Si toutes ces sources de contenu bénéficient des avantages de la liberté de la presse, sans être soumises à aucune contrainte éthique et méthodologique, alors libre à n'importe qui de vous raconter des sornettes, de vous faire prendre des vessies pour des lanternes, et de vous porter gravement préjudice.

Sans limite.

Dans cette nouvelle situation, le droit est déséquilibré.

Il convenait de mieux articuler les droits des émetteurs d'information et ceux des récepteurs.

Plutôt que de raisonner seulement à partir du droit des sources d'information, des producteurs de contenu, des médias en général, nous sommes partis des droits de chacun, de tous les citoyens, de tous les êtres humains.

Tous, nous avons droit à la vie, à la santé, nous avons un grand nombre de droits, et notamment le droit d'avoir des droits, mais quand nous sommes trompés, quand des informations fausses nous font faire des choix contraires à nos intérêts ou à notre volonté, ces droits deviennent des fictions.

Un exemple.

Dès lors qu'on peut m'induire en erreur sur la meilleure protection face à un risque, disons pour être concret un virus qui met en danger ma vie, est-ce que seule la liberté de celui qui s'exprime doit être protégée, ou est-ce que j'ai un droit à faire valoir de n'être pas trompé ? Est-ce qu'au moment de voter, je suis fondé à exiger de n'être pas abusé ? Est-ce qu'à l'instant de faire des choix économiques ou sociaux, je peux revendiquer de ne pas être traité comme une marionnette ?

Le scientifique Henri Laborit avait expliqué le caractère biologique du besoin d'information. Pour maintenir sa structure, tout être vivant, y compris l'être humain, doit avoir une prise sur son environnement. Il ne peut appréhender cet environnement que par la connaissance, c'est-à-dire par l'information et par l'expérience : « Le but essentiel de l'homme est la connaissance indispensable à sa survie[1]. »

À partir de travaux scientifiques, le journaliste et essayiste québécois Claude Jean Devirieux observait « qu'une information partiale, viciée ou pervertie peut porter atteinte aux facultés mentales permettant à l'homme d'appréhender et de comprendre son environnement ». Même, « toute atteinte au droit à l'information est une atteinte à l'intégrité

1. Claude Jean Devirieux, *Manifeste pour le droit à l'information*, Presses de l'université du Québec, 2009.

intellectuelle et psychophysiologique de l'individu et de la collectivité »[1].

Il définissait le droit à l'information comme « le droit fondamental de l'individu et de la collectivité de savoir et de faire savoir ce qui se passe et que l'on a intérêt à connaître[2] ».

Nous nous en sommes inspirés pour rédiger l'ébauche de la Déclaration, comme de la phrase d'Hannah Arendt sur la farce qu'est la liberté d'opinion si elle n'est pas fondée sur les faits. Juste après le préambule, le premier paragraphe précise les conditions de la liberté d'opinion : « La liberté d'opinion est garantie par l'échange libre des idées et des informations fondées sur des vérités factuelles. »

En aucun cas la vérité avec un grand V.

Au contraire, une vision modeste de la vérité, une vision pluraliste, mais fondée sur l'intégrité.

Susceptible de prendre des formes multiples, la vérité repose sur la correspondance entre la réalité et les perceptions ou sur les meilleures preuves disponibles, établies par des méthodes de recherche, scientifiques, journalistiques ou autres pratiques professionnelles, visant à produire de l'information fiable et de la connaissance.

Nous voilà parvenus au droit à l'information fiable : « Le droit à l'information consiste en la liberté de

1. *Ibid.*
2. *Ibid.*

recherche et de recevoir des informations fiables et d'y accéder. »

Encore faut-il définir la notion d'information fiable. Elle suppose que les producteurs ne soient pas sous influence ou sous tutelle, ni ne soumettent la collecte des informations à un prisme réducteur. Son traitement et sa diffusion doivent être libres et effectués conformément aux principes d'attachement à la vérité, de pluralité des points de vue et de rationalité des méthodes d'établissement et de vérification des faits. L'engagement à la libre poursuite de la vérité, à l'exactitude factuelle et à l'absence d'intention de nuire est nécessaire à l'intégrité de l'information.

Quiconque diffuse des contenus abusifs porte une responsabilité. Les conflits d'intérêts non-dits dans le champ de l'information sont une menace pour la liberté d'opinion.

Nous avons transformé le droit à l'information en droit du récepteur. Un droit de chacun, pour tous les êtres humains, à revendiquer vis-à-vis des producteurs de contenus.

Un droit que les plateformes numériques ont la responsabilité de mettre en œuvre, par des mécanismes pour favoriser la visibilité des informations fiables.

L'intégrité, l'authenticité, la traçabilité des idées et des informations doivent être promues, de sorte que leur origine et leur mode de production soient connus.

Un cadre est défini, il reste à le poser.

CONVAINCRE LES ÉTATS

La vocation de notre commission, c'était de pousser les États à agir.

Nous avions besoin de la mobilisation des dirigeants des démocraties.

Sur le papier, nous avions indiqué que nous attendions un soutien de chefs d'État et de gouvernement, que nous avions sélectionnés : Emmanuel Macron, le président de Corée du Sud, Moon Jae-in, ancien avocat spécialisé dans les droits de l'homme, le président du Sénégal, Macky Sall, malgré une fâcheuse tendance à faire incarcérer ses opposants. Parmi les noms envisagés, il y avait également le Premier ministre canadien, Justin Trudeau, et la Première ministre de Norvège, Erna Solberg, dont le pays figurait à la première place du classement mondial de la liberté de la presse publié par RSF.

Nous avions établi cette liste en considérant que nous voulions des États sur tous les continents, qui soient parmi les mieux placés au classement mondial.

Je cherchais une occasion de mobiliser les États, et elle se présenta avec le Forum de Paris sur la paix créé par Emmanuel Macron pour faire contrepoids au Forum économique mondial de Davos, en Suisse, et à la Conférence de Munich sur la sécurité, en Allemagne, deux événements réunissant chaque année les plus grands dirigeants du monde politique et économique. Il y avait urgence, puisque la première édition de ce Forum aurait lieu en novembre 2018, deux mois et quelques jours après la première réunion de la commission. C'est pourquoi nous avions fait le pari d'écrire la Déclaration dans des délais records.

Nous avons publié la Déclaration le 5 novembre 2018.

Le Forum débutait le 11 novembre.

Entre les deux, six jours, pas un de plus.

Impossible de collecter des soutiens dans un tel délai.

Pour mobiliser des États, c'était évident, nous ne pouvions pas attendre la publication de la Déclaration, ni même la finalisation de son contenu. Mes collègues et moi avons commencé à solliciter des chefs d'État et de gouvernement avant même le début de la rédaction.

Autrement dit, nous leur avons demandé de s'engager à soutenir une initiative fondée sur un texte dont ils ignoraient le contenu.

À la confiance.

Quand on connaît les mille précautions prises par les ministères des Affaires étrangères avant la signature du moindre texte international, la consultation de services juridiques pendant des mois, nos chances étaient à peu près égales à zéro.

Cela a fonctionné pour trois raisons.

Un, nous nous sommes adressés directement à des chefs d'État et de gouvernement, en passant outre leurs administrations.

Deux, nous ne leur avons pas demandé de soutenir la Déclaration elle-même, mais le projet dans son ensemble, sur le fondement d'un courrier.

Trois, nous étions porteurs d'une vision originale au moment où leurs parlements s'échinaient à adopter des « régulations de contenu » avec toutes les difficultés et impasses.

En décembre 2017, nous avions convaincu Emmanuel Macron de soutenir notre projet. Nous l'avons développé en concertation avec le pôle diplomatique de l'Élysée. Je suis très reconnaissant à son patron de l'époque, Philippe Étienne, un homme doté d'une intelligence et d'un humour solides, toujours le sourire aux lèvres, et à Jean-Marc Berthon, conseiller en charge des affaires multilatérales et de la francophonie, comme à leurs successeurs.

Fin août 2018, j'ai envoyé un courrier au Premier ministre canadien, Justin Trudeau. Nous nous étions aussi adressés au président du Costa Rica, Carlos Alvarado, qui nous semblait un personnage important. Son pays est en effet un modèle de liberté de la presse en Amérique latine. Au-delà, ce paradis de jungle luxuriante, surnommé « la Suisse de l'Amérique centrale » du fait de sa neutralité depuis 1948, est le premier pays du monde à avoir supprimé son armée. Sa devise : « Que vivent pour toujours le travail et la paix ! » Écrivain, journaliste, Carlos Alvarado serait un allié sinon de poids, en tout cas très légitime.

Notre bureau en Tunisie travaillait dans le même temps à convaincre le président Béji Caïd Essebsi. Reporters sans frontières avait joué un rôle pour la liberté dans le pays du temps du dictateur Ben Ali, et le prédécesseur d'Essebsi, Moncef Marzouki, m'avait remis lors d'un voyage précédent un petit trophée pour RSF « au nom de la Tunisie reconnaissante ». Je suis retourné au palais de Carthage, dans la banlieue de Tunis, pour rencontrer les conseillers d'Essebsi et ils nous ont annoncé qu'ils étaient partants. Décidément, tout se passait vraiment à merveille.

Ces chefs d'État et de gouvernement nous annonçaient leur soutien en se fondant sur une Déclaration que ni leurs services ni eux-mêmes n'avaient lue. Mais nous leur avions expliqué notre logique, et ils l'avaient approuvée.

MÉMOIRE DE LA BOUCHERIE

Le 11 novembre 2018.

Sur le plan historique, cent ans jour pour jour après la fin de la Première Guerre mondiale. Plus de 70 chefs d'État et de gouvernement sont réunis à Paris pour une commémoration historique de ce qui fut le grand incendie de l'Europe. Un embrasement généralisé dont les flammes ont éteint les espoirs de la fin du XIXe siècle. La veille, le chef de l'État a visité la clairière de Rethondes, l'endroit où a été signé l'Armistice, en compagnie de la chancelière allemande. À l'Arc de Triomphe, une cérémonie rend hommage aux dizaines de millions de morts, avant un déjeuner à Versailles, dans le château où fut signé le traité qui devait permettre à l'humanité de renaître de ses cendres.

La Première Guerre mondiale, ce fut le suicide de l'Europe dans les tranchées, à coups de canons et de gaz moutarde.

Cette tragédie n'aurait pas été concevable sans un déluge de propagande et de fausses informations, sans échauffement des esprits et enfermement mental. Le délire nationaliste avait été nourri par toutes sortes de publications, des feuilles de chou comme des organes de mobilisation. Comme l'écrivain autrichien Karl Kraus l'avait hurlé à Vienne dans son journal *Die Fackel*, les « bourreurs de crâne » avaient préparé les esprits au « carnaval tragique ».

Inquiétant écho historique.

En effet, la « libération » d'Internet libère les mêmes passions et enflamme les esprits comme au début du XXe siècle.

Les « bourreurs de crâne » sont de retour.

Le 11 novembre 2018, le Forum de Paris sur la paix s'ouvre à la Grande Halle de la Villette à Paris. Commémorer la fin de la plus grande « boucherie » de l'histoire dans d'anciens abattoirs, personne n'a relevé l'ironie. C'est ici que nous avons choisi de lancer l'« Initiative sur l'information et la démocratie ».

Je vais demander à des dirigeants d'Afrique, des Amériques, d'Europe et du Moyen-Orient un engagement historique. La photo officielle conserve pour l'histoire la liste des présents. Il y a là un parterre de chefs d'État et de gouvernement. Dès le début de mon allocution, j'évoque l'importance de la construction de la déontologie du journalisme et sa professionnalisation pour résister aux affres des conflits sanglants.

« Ce n'est pas le fait du hasard. Pas un hasard si en 1918, au terme d'un conflit abominable marqué par la propagande, des journalistes édictaient pour la première fois en France une charte de déontologie. »

Je fais référence au texte adopté par le Syndicat national des journalistes qui entendait promouvoir un journalisme digne de ce nom.

Digne de ce nom, car distinct de la liberté de dire n'importe quoi. Digne de ce nom car répondant à des « devoirs » et pas seulement des « droits ». Digne de ce nom car correspondant à une conception particulière de l'exercice de la liberté d'expression, fondée sur la responsabilité. Un journalisme digne de ce nom, tout simplement, car distinct de la presse haineuse, passionnelle, purement marchande.

Une dignité qui n'est pas la caractéristique première des échanges sur les réseaux sociaux.

Ce n'est pas le fait du hasard.

Pas le fait du hasard si les grandes constructions éthiques ou juridiques sont lancées à l'issue des catastrophes ou des crises. Tout simplement parce que les femmes et les hommes tirent des leçons de l'histoire, et que la compréhension, en tout cas la mobilisation, vient après coup.

La Seconde Guerre mondiale, à son tour, avait provoqué un sursaut, avec en France le programme du Conseil national de la Résistance, et, sur le plan international, l'adoption de la charte des Nations unies et de la Déclaration universelle des droits de l'homme.

Je finis mon discours en formulant une demande à l'attention de l'auguste audience.

« Mesdames et messieurs les chefs d'État et de gouvernement, nous sommes ici parce que nous vous demandons de vous engager en faveur de l'adoption d'un Pacte international, sur la base de la Déclaration. »

C'est au tour d'Emmanuel Macron de prendre la parole : « En nous inspirant de la déclaration présentée aujourd'hui, je suis favorable à ce que nous nous mettions d'accord sur un ensemble d'engagements et à ce que nous nous efforcions de rallier à ces engagements le maximum d'États. Je suis favorable à ce que nous mettions en place un groupement international d'experts sur ce sujet, parce qu'il n'y a pas de bonheur sans liberté et de liberté sans courage. Vous avez décidé de prendre vos responsabilités, je pense que nous devons en tant que chefs d'État et de gouvernement les prendre aussi. »

De son côté, le secrétaire général des Nations unies, António Guterres, avait envoyé une vidéo : l'initiative « intervient à un moment critique, où les nouveaux moyens de communication et de diffusion de l'information sont en train de transformer notre monde ».

Dans les coulisses et sur scène, tout n'aura pas été réussi. Ma langue fourcha et j'appelai sur scène « Mme Macky Sall ». Le président sénégalais profita de l'occasion pour vanter ses propres mérites, tandis que son homologue tunisien fit une espèce de conférence sur son pays. La chancelière Angela Merkel devait également apporter son soutien, et nous avions même eu communication de la phrase qu'elle devait prononcer. À la dernière minute, cette phrase serait retirée. J'ai pu constater que l'amitié franco-allemande n'allait pas sans tensions, dans le secret des échanges diplomatiques.

RENDEZ-VOUS LUNAIRE

Nous n'en étions qu'au début d'un long processus.

Au total, le 11 novembre 2018, 12 chefs d'État et de gouvernement ont publié un communiqué commun saluant le travail de la Commission internationale indépendante sur l'information et la démocratie : « Les chefs d'État ou de gouvernement du Burkina Faso, Canada, Costa Rica, Danemark, France, Lettonie, Liban, Lituanie, Norvège, Sénégal, Suisse, Tunisie ont décidé de lancer, en s'inspirant des principes énoncés par cette déclaration, une initiative pour l'information et la démocratie. »

Sept d'entre eux ont publié une tribune dans la presse internationale, affirmant que ces propositions étaient « stimulantes, innovantes », et appelant un « maximum d'États » à les rejoindre.

L'initiative sera évoquée dans les heures qui suivent lors d'un déjeuner à l'Élysée et lors de la cérémonie inaugurale de l'Internet Governance Forum à l'Unesco.

Du 24 au 26 août 2019, un sommet du G7 est prévu à Biarritz. Il y aura là les dirigeants des sept pays membres de ce groupe, dont le président des États-Unis Donald Trump et le Premier ministre japonais Shinzo Abe, mais aussi neuf autres chefs d'État et de gouvernement (parmi lesquels le Premier ministre indien Narendra Modi) et neuf dirigeants d'organisations internationales.

C'est Emmanuel Macron lui-même qui se charge de présenter l'initiative. À la sortie, en conférence de presse, le président de la République affirme qu'elle avait reçu un « soutien unanime » du G7, ce qui n'est pas tout à fait exact puisque ni les États-Unis ni le Japon n'avaient accordé leur soutien, mais ils ne s'étaient pas opposés frontalement.

Du côté de RSF, nous continuons à chercher les ralliements au Partenariat sur l'information et la démocratie qui avaient été négociés au niveau des ministres des Affaires étrangères, avec notre contribution, sur la base de notre Déclaration.

Au début, aucun pays asiatique n'avait apporté son soutien.

Il nous en fallait un.

La Corée du Sud représentait un objectif important.

J'avais découvert le pays en 2017, à l'occasion d'une tournée asiatique que nous avions organisée pour développer notre influence dans la région en profitant de l'ouverture de notre bureau à Taïwan. Un *Asian Tour* sans rock stars, mais avec une délégation haute en couleur, composée notamment de Shirin Ebadi et de Wuer Kaixi, ancien leader du mouvement de Tiananmen. À Séoul, nous avions découvert un autre monde, un monde de codification extrême, de préparation minutieuse.

Un rendez-vous fait l'objet d'une préparation savante, minutieuse.

Nulle place pour l'improvisation.

Notre côté « les mains dans les poches », à la française, les avait sidérés, j'espère sans traumatisme durable. Le principe, en Corée du Sud, est de préparer avec plusieurs jours d'avance un entretien en adressant à l'autre partie le contenu de ses propos. Pas une vague synthèse, les phrases au mot près.

La préparation du rendez-vous avec le président Moon Jae-in, en septembre 2019, releva d'une forme de théâtre avec dialogues appris plus ou moins par cœur. Une semaine avant notre entretien à la Maison Bleue, ce palais présidentiel en forme d'immense pagode au pied d'une montagne du centre de Séoul, derrière l'ancien palais royal de Gyeongbokgung, notre correspondante en Corée du Sud avait commencé à échanger le contenu de la réunion avec l'équipe du président. Dans les derniers jours, elle a dû avoir des dizaines d'appels téléphoniques avec eux. Tout avait été préparé.

Le *dress code* : sans cravate.

Pourquoi ?

Parce que le président, ancien avocat des droits de l'homme, n'en porte pas toujours, et que son équipe avait repéré sur Internet que j'en portais rarement, y compris lors des entretiens officiels. L'échange de cadeaux ? Une obligation culturelle. Nous avons eu droit à des stylos gravés à nos noms. De notre côté, nous avions fait livrer de France un fac-similé de la Déclaration des droits de l'homme et du citoyen par Jean-Jacques François, qui a appartenu à Georges Clemenceau et est aujourd'hui exposée au musée Carnavalet. Je m'étais préparé à décrypter la symbolique pour le président.

Las, notre cadeau a été livré, mais il a dû être entreposé quelque part. Je pensais le remettre formellement à Moon, mais nous n'avons plus eu de nouvelles.

En collaboration avec l'équipe du président, nous avions rédigé une sorte de script qui précisait le déroulé du rendez-vous et prévoyait qui dirait quoi à quel moment. Dès la séance photo et vidéo, nous avons suivi le plan à merveille. Le protocole, qui avait convoqué les journalistes, m'avait chargé de suggérer au président de poser avec moi pour la photo. Je m'y suis employé avec une spontanéité très relative. Comme convenu, j'ai dit à ce moment-là au président combien l'élection d'un avocat des droits de l'homme à la présidence, *a fortiori* dans un pays qui a connu la dictature jusqu'au milieu des années quatre-vingt, avait été reçu dans le monde entier comme un signe très positif. Le chef de l'État coréen a apprécié. Personne ne me l'avait dicté, mais il n'est pas dans mes habitudes d'annoncer les compliments aussi longtemps à l'avance.

« La République de Corée souscrit à la Déclaration internationale sur l'information et la démocratie et souhaite rejoindre le Partenariat pour l'information et la démocratie, la coalition intergouvernementale destinée à la mise en œuvre de la déclaration », déclara sans surprise le président Moon.

Il salua « les efforts continus de RSF pour améliorer la liberté de la presse dans le monde ».

« Nous sommes ravis que notre projet reçoive le soutien du président Moon et espérons que, grâce à cette coopération future, la Corée du Sud consolidera sa place de leader de la démocratie et de la liberté de la presse en Asie », répondis-je comme prévu.

Il y eut de « petites différences » par rapport au script. Selon les exégètes, son soutien fut sensiblement plus soutenu que prévu. Le président opina du chef lorsque je lui dis : « Si nous ne décidons pas des principes de l'espace public, alors des intérêts privés ou des dictateurs le feront. »

Nous, sous-entendu les femmes et les hommes de bonne volonté, les adeptes de la philosophie libérale, les partisans de la démocratie.

Un créneau de trente minutes avait été prévu dans l'agenda du président.

Nous sommes sortis de la pièce à la trentième minute.

Avec ce que nous étions venus chercher : le soutien du président sud-coréen pour le Partenariat sur l'information et la démocratie.

LE CLUB DES DÉMOCRATIES

Pour les conventions et les déclarations internationales, il faut en général des années pour parvenir à une signature : trente-cinq ans, de 1924 à 1959, pour l'adoption de la Déclaration des droits de l'enfant à l'Assemblée générale des Nations unies, trente ans de plus pour obtenir le vote d'une Convention internationale. Il nous aura fallu un peu moins d'un an après l'appel des chefs d'État et de gouvernement avant de nous retrouver au siège des Nations unies, à New York, pour la signature du Partenariat sur l'information et la démocratie.

En ce mois de septembre 2019 se réunit l'Assemblée générale de l'ONU, qui rassemble les représentants des États membres, en présence de la plupart des chefs d'État ou de gouvernement. Autant dire qu'à Manhattan, au niveau de la 1re Avenue, entre la 42e et la 46e Rue, c'est la cohue, des voitures comme des piétons. Les artères de la presqu'île aux gratte-ciel sont largement réservées aux cortèges officiels. Impossible de pénétrer dans l'enceinte de l'organisation sur les bords de l'East River sans badge spécial.

La signature du Partenariat aura lieu lors de la première réunion de l'Alliance pour le multilatéralisme, avec près de 70 ministres des Affaires étrangères qui entendent faire vivre la discussion internationale à l'ère du trumpisme triomphant. L'événement a été coorganisé par l'Allemagne, la France, le Canada, le Mexique, le Chili, Singapour et le Ghana.

Un quart d'heure avant le début de la session, je donne un point presse au *stake out*, constitué d'un pupitre devant les drapeaux de pays de l'ONU. Le ministre des Affaires étrangères, Jean-Yves Le Drian, qui prend la parole en premier, rend hommage à l'ancien président Jacques Chirac, dont le décès a été annoncé le matin même.

Le Drian déclare que « le texte du partenariat qui sera diffusé aujourd'hui pose pour la première fois dans une déclaration politique les principes d'un droit à une information fiable » tandis que je remercie les États en quelques mots. Nous faisons une photo de famille avec les ministres des pays qui ont négocié le texte.

La réunion commence.

Pour convaincre l'auditoire, j'évoque les assistants vocaux avec lesquels nous échangeons, ces intelligences artificielles qui répondent à nos questions. Assistant, quel temps fera-t-il demain ? Question anodine. Mais les autres… Assistant, peux-tu me résumer telle politique publique ? Me raconter telle affaire politique ? Me dire aussi pour qui je devrais voter. L'assistant ne me procure pas une revue de presse, il ne me dit pas ce que dit telle source et ce que dit telle autre. Il me fournit une réponse unique, une réponse produite dans la boîte noire de l'algorithme. Dans ce cas, la diversité des points de vue, c'est terminé. L'argumentation sur la base de preuves, fini. Les garanties éthiques ? Il n'y en a pas.

Cela représente un potentiel de manipulation sans précédent. Une fragilité immense pour notre liberté d'opinion et pour la démocratie. Un récit dystopique, mais probable si nous ne faisons rien. Bref, il faut imposer des principes démocratiques aux algorithmes.

Encore faut-il savoir lesquels.

Des problématiques comme celle de l'assistant personnel, il y en a cinquante, cent, peut-être mille.

Et pour lesquelles nous avons besoin de doctrine.

C'est pourquoi j'annonce la création du Forum sur l'information et la démocratie, dont nous avons pris soin qu'il soit fait mention dans le Partenariat. Pour répondre à ces questions complexes, nous avons besoin d'une approche internationale, multipartite, transdisciplinaire, afin de nourrir la régulation et l'autorégulation.

À la fin, séance de signatures.

J'assiste à une scène étrange. Sur des tables à la sortie de la grande salle, des registres sont disposés pour que les ministres puissent apposer leurs paraphes sur les textes qui leur sont proposés. Certains en profitent pour apposer leur signature sur le Partenariat sur l'information et la démocratie, alors que ce n'était pas prévu. C'est le cas de deux pays européens qui n'ont pas de leçons à donner, Malte et la Bulgarie. Bien joué de leur part. En s'immisçant, ils font désormais partie de notre club de démocraties.

Qui comprend 30 États le premier jour et 45 au moment où ce livre est imprimé : il y a là des acteurs importants comme l'Afrique du Sud, l'Allemagne, le Canada, la Corée du Sud, la France, l'Inde, la Norvège, la Suède, et le Royaume-Uni. De quoi peser sur la scène internationale.

UNE INSTITUTION DU XXIe SIÈCLE

Les États sont concurrencés par la « société civile ».

Les initiatives « multipartites », c'est la grande mode.

Cela consiste à mettre dans une même salle des représentants d'organisations intergouvernementales, d'États, de sociétés privées lucratives et d'ONG, et de leur demander de trouver des solutions à un problème dans le cadre d'une discussion inclusive.

À ce jeu sans règles, ce sont les plus malins, ou les mieux dotés, qui gagnent.

Vous avez deviné qui.

S'opposer à la puissance de feu des multinationales n'est pas à la portée du premier État venu. Nous avons conçu le Partenariat sur l'information et la démocratie sans mettre les entreprises à contribution, à dessein. Pour éviter que le loup n'entre dans la bergerie, ou le ver dans le fruit. Lorsque des représentants de Google et de Facebook nous demandaient ce que nous attendions d'eux, je répondais : « Rien d'autre que de mettre en œuvre les principes que nous édictons. Les relations avec les États, ce n'est pas un jeu à trois. »

En novembre 2019, deux mois après la séance à New York, nous lançons l'organe d'application du Partenariat, le Forum sur l'information et la démocratie.

Il était précisé que le financement et le mandat de l'organe devraient permettre un niveau suffisant d'indépendance à l'égard des sociétés privées comme des gouvernements.

Le Partenariat pose des principes généraux, mais pour passer à l'action concrète, il faut approfondir les propositions pour élaborer la législation nationale.

L'assemblée générale fondatrice du Forum se tient au siège de RSF le 11 novembre 2019, un an jour pour jour après l'engagement des chefs d'État et de gouvernement. Les membres fondateurs sont des organisations non gouvernementales, des think tanks, des centres de recherche, des initiatives multipartites et un institut de la paix, basés en Afrique du Sud, au Pakistan, en Norvège, au Canada et aux États-Unis. Parmi eux, le Partenariat pour un gouvernement ouvert (Open Government Partnership), lancé sous l'impulsion de Barack Obama en 2011. Le Forum constituera des groupes de travail qui fourniront des recommandations pour la régulation et l'autorégulation.

Dans son discours d'ouverture de la deuxième édition du Forum de Paris pour la paix, le 12 novembre

2019, Emmanuel Macron évoque la nécessaire réinvention du multilatéralisme. À propos d'un besoin inédit, « la construction de nouvelles formes de coopération », il cite en premier lieu « le Partenariat sur l'information et la démocratie porté par Reporters sans frontières et soutenu par plusieurs gouvernements ». Si l'on récapitule, une déclaration de la société civile a débouché sur un partenariat intergouvernemental, dont l'organe d'application est dirigé par la société civile. À la fin, notre objectif, c'est une régulation par les institutions publiques.

Dans la foulée, la cérémonie de création du Forum sur l'information et la démocratie a lieu en présence de hauts dirigeants de deux États baltes, le président de Lettonie, Egils Levits, et le ministre des Affaires étrangères de Lituanie, Linas Linkevičius. Membres de l'Union européenne, les États baltes faisaient autrefois partie de l'Union soviétique. Pour des raisons historiques, géographiques et démographiques, ils sont en prise directe avec la désinformation russe.

Le chaos informationnel, pour eux, c'est une menace évidente.

Dans un moment de scepticisme généralisé concernant les institutions, le Forum sur l'information et la démocratie apparaît comme une institution du XXIe siècle, fondé sur une gouvernance légère. La production et la légitimation des propositions sont essentielles, et c'est le rôle qu'il entend jouer.

L'ÉPIDÉMIE DE FAUSSES INFORMATIONS

C'est un chercheur germano-canadien spécialiste des questions de santé qui le premier a utilisé le terme *infodemic* en anglais, dès le début des années 2000.

La contraction d'« information » et d'« épidémie ».

La pandémie de Covid-19 se développe à la toute fin de l'année 2019, au moment où nous créons le Forum sur l'information et la démocratie. Nous n'avons pas connaissance de ce terme, qui va pourtant devenir essentiel.

En février 2020, le directeur général de l'Organisation mondiale de la santé (OMS), le docteur Tedros Adhanom Ghebreyesus, lance une alerte : « Les fausses nouvelles se propagent plus rapidement et plus facilement que ce virus et sont tout aussi dangereuses. »

Des termes forts.

António Guterres est lui aussi on ne peut plus clair : « Notre ennemi commun est la Covid-19, mais notre ennemi est aussi une infodémie de désinformation. »

Le secrétaire général de l'ONU appelle à « promouvoir de toute urgence les faits et la science, l'espoir et la solidarité, au détriment du désespoir et de la division ».

L'OMS publie une note d'information pour « en finir avec les idées reçues ».

Incroyable florilège, qui démontre en creux l'intensité de la propagation de fausses informations :

« Les suppléments en vitamines et minéraux ne permettent pas de guérir de la Covid-19. »

« Les études démontrent que l'hydroxychloroquine ne présente aucun avantage clinique dans le traitement de la Covid-19. »

« Le virus de la Covid-19 ne se transmet pas par l'eau ou par la pratique de la natation. »

« Boire de l'alcool ne protège pas contre la Covid-19 et peut être dangereux. »

« Ajouter du piment dans votre soupe ou dans un autre plat ne permet pas de prévenir ni de guérir la Covid-19. »

« La pulvérisation d'eau de Javel ou d'autres désinfectants sur le corps ou leur introduction dans l'organisme ne protègent pas contre la Covid-19 et peuvent être dangereuses. »

« Boire du méthanol, de l'éthanol ou de l'eau de Javel ne permet pas de prévenir ou de guérir la Covid-19 et peut être extrêmement dangereux. »

« Les réseaux de téléphonie 5G ne propagent pas la Covid-19. »

« Arriver à retenir sa respiration pendant dix secondes ou plus sans tousser ni se sentir gêné ne signifie pas que l'on est épargné par la maladie à coronavirus 2019. »

« Manger de l'ail n'aide pas à prévenir la Covid-19. »

On en est là.

Soudain, le monde a sous les yeux la démonstration des dégâts que peuvent provoquer les fausses informations. Et là, il ne s'agit plus de la démocratie, jugée abstraite par certains, mais de notre droit à la santé, et même à la vie.

Notre argumentation depuis des années sur la mondialisation de l'information, sur le fait que des atteintes à la liberté de la presse aux antipodes sont préjudiciables ici, sur le pouvoir dangereux des plateformes, trouve une illustration d'une puissance sans égale.

En juin 2020, nous lançons le premier groupe de travail du Forum. Parce que nous pensons que nous pourrons avoir un impact plus grand, nous rassemblons plusieurs sujets sur la transparence des plateformes, les règles de modération, la promotion de la fiabilité de l'information et la gestion des messageries privées, et les fusionnons sous le titre « Pour en finir avec les infodémies ».

Pas encore lauréate du Nobel, Maria Ressa, que je sollicite toujours aux moments cruciaux, prend la coprésidence du comité de pilotage, avec Marietje Schaake, une ancienne députée néerlandaise au Parlement européen, devenue l'une des directrices du Cyber Policy Center de l'université de Stanford. Le groupe sera composé de 19 personnalités au total, dont le rapporteur spécial de l'ONU sur la liberté d'opinion et d'expression, David Kaye, et le lanceur d'alerte de Cambridge Analytica, Christopher Wylie. Avec nous, nous avons aussi l'un des premiers investisseurs de Facebook, Roger McNamee, investisseur en capital-risque technologique qui a publié un livre au titre éloquent : *Zucked : waking up to the Facebook catastrophe*[1].

Zucked, ou la contraction de Zuckerberg et *fucked*, que nous ne traduirons pas pour épargner les âmes sensibles.

Et tant d'autres, dont Jun Murai, connu comme le père de l'Internet japonais, surnommé l'« Internet samouraï ».

Nous lançons un appel à contribution mondial auprès de l'ensemble des experts, chercheurs, juristes.

Le 26 juin 2020, à l'occasion du 75e anniversaire de la Charte des Nations unies, les ministres français et allemand des Affaires étrangères, Jean-Yves Le Drian et Heiko Maas, réunissent près de 50 ministres des Affaires étrangères de toutes les régions du monde, en visioconférence, dans le cadre de l'Alliance pour le multilatéralisme. Le directeur général de l'Organisation mondiale de la santé est là aussi. À l'ordre du jour, deux sujets : le renforcement de l'architecture multilatérale de santé et la lutte contre les infodémies.

1. *Facebook, la catastrophe annoncée*, Quanto, 2019.

Et sur la lutte contre l'infodémie, je suis de garde.

Parler devant des dizaines de ministres, comme je le ferai à plusieurs reprises, c'est comme murmurer dans une chambre d'écho.

Le 12 novembre 2020, je présente les résultats du groupe de travail lors d'une nouvelle réunion (en ligne) des ministres de l'Alliance pour le multilatéralisme. Le groupe a formulé 250 recommandations très précises.

Le rapport explique que les exigences de transparence doivent cibler toutes les fonctions essentielles des plateformes : modération du contenu, classement du contenu, ciblage du contenu et renforcement de l'influence sociale. Les sanctions en cas de non-conformité pourraient inclure des amendes importantes, une publicité obligatoire sous forme de bannière, la responsabilité du P-DG et des sanctions administratives telles que la fermeture de l'accès au marché d'un pays.

Sur la modération du contenu, nous préconisons que les plateformes soient contraintes de respecter les droits humains en se fondant sur les principes juridiques de légalité, nécessité et proportionnalité, légitimité, égalité et non-discrimination. Il devrait leur être imposé des obligations en termes de pluralisme, sur le modèle de ceux des radiodiffuseurs. Nous réclamons qu'elles augmentent le nombre de leurs modérateurs et dépensent un pourcentage minimal de leurs revenus pour améliorer la qualité de l'examen du contenu, et en particulier dans les pays à risque.

Sur la promotion de la fiabilité de l'information, nous demandons que les conflits d'intérêts des plateformes soient interdits afin d'éviter que l'espace d'information et de communication soit régi ou influencé par des intérêts commerciaux, politiques ou autres. Un cadre de corégulation pour la promotion des contenus journalistiques d'intérêt public pourrait être défini, sur la base de normes d'autorégulation.

Enfin, s'agissant des messageries privées, nous réclamons la mise en place de mesures pour limiter la viralité des contenus par la réduction de certaines fonctionnalités.

Les gouvernements sont invités à se servir de cette matière première pour la production législative : « Toutes les institutions qui prennent des initiatives législatives sur les plateformes ont intérêt à s'inspirer de ce rapport, qu'il s'agisse de l'Inde avec la Section 79, des États-Unis avec la Section 230, du Canada avec la Charte du numérique, du Royaume-Uni avec le Online Harms Bill, et naturellement de l'Union européenne avec le Digital Services Act. »

UN NEW DEAL POUR LE JOURNALISME

La Journalism Trust Initiative constitue une chance historique pour la presse. Mais il faut aller plus loin encore.

Nous l'avions dit dans la Déclaration sur l'information et la démocratie : « La fonction sociale du journalisme justifie un effort de la collectivité pour assurer sa viabilité financière. »

À situation historique, mobilisation historique. En 2021, le Forum sur l'information et la démocratie met sur la table une proposition ambitieuse développée par un groupe de travail présidé par le Danois Rasmus Kleis Nielsen, qui dirige le prestigieux Institut Reuters pour l'étude du journalisme de l'université d'Oxford.

L'heure est venue d'une nouvelle donne pour le journalisme, qui passe par un engagement massif, à l'échelle internationale comme nationale, pour favoriser les producteurs d'information de qualité, libre, indépendante et fiable.

Ce New Deal pour le journalisme implique un effort des gouvernements démocratiques, mais aussi des médias eux-mêmes et, bien entendu, des acteurs du numérique. Dans le chaos informationnel, il convient de relier des points jusque-là distincts : l'organisation du marché, le fonctionnement technologique et le travail journalistique.

Nous ne reviendrons jamais au monde d'avant. Pour l'avenir, il faut une impulsion et un plan, autour d'une logique d'innovation fidèle aux idéaux. Pour le président américain Roosevelt, le New Deal était un engagement politique, un investissement économique et un appel à la mobilisation de chacun. Son plan s'articulait autour de trois principes : *relief*, *recovery* et *reform*, que l'on pourrait traduire par « soulager, guérir et réformer ».

Nous sommes entrés dans l'ère numérique, mais à l'échelle de l'histoire il ne s'agit que de l'aube. Les médias traditionnels ont perdu leur monopole de contrôle du flux informationnel et communicationnel, et il n'y a pas lieu de s'en lamenter. L'épidémie de Covid a amplifié les grandes crises qui affectent le journalisme. C'est la pérennité même de cette fonction sociale qui est en jeu. Pour éviter qu'il ne s'agisse d'une décennie funeste, les déclarations grandiloquentes et les mesures fragmentaires ne suffiront pas.

Interrogés sur le type de soutien qui serait bénéfique à leurs entreprises de presse, les médias citent le soutien financier (84 %), le développement de produits et le soutien à l'innovation (61 %), et la formation technique aux compétences en médias numériques (39 %). L'aide financière est citée comme la plus importante par 65 % des répondants.

Développer les ressources et stimuler la demande figurent parmi les pistes essentielles, mais il faut aller plus loin et proposer des solutions pour créer un environnement favorable au journalisme et permettre à la presse, qui peine à s'ajuster à la nouvelle donne digitale, de négocier le virage des technologies de demain.

En novembre 2020, le Forum sur l'information et la démocratie, avec le soutien de l'équipe de RSF, et après consultation de nombreux spécialistes et des rapports de référence, publie ses recommandations.

Je voudrais ici souligner quelques propositions innovantes qui pourraient être déclinées dans les politiques publiques nationales. Ainsi, je trouve tout particulièrement prometteuse la généralisation de l'idée, esquissée par la législation française et proposée aux États-Unis, d'un mécanisme permettant aux citoyens de soutenir les médias indépendants de leur choix en bénéficiant d'un allègement fiscal. Il est légitime, au regard de la crise économique profonde que traverse le secteur, de reconsidérer la distinction entre financer les médias à but lucratif et non lucratif et d'accroître la capacité qu'ont les uns et les autres à bénéficier de ressources issues de la philanthropie.

La conjonction des financements publics et privés, via des véhicules mixtes comme l'International Fund for Public Interest Media (IFPIM), offre également une perspective porteuse. Et la communauté internationale gagnerait à s'engager publiquement à dédier une part substantielle et accrue des budgets de l'aide publique au développement (APD) au journalisme, dans le cadre d'un soutien plus large à la démocratie et à la bonne gouvernance.

Autre source potentielle de revenus : le fléchage d'une part des impôts des plateformes, comme la taxe développée par l'OCDE, pour soutenir le journalisme indépendant. L'investissement massif pour le journalisme passe par le déblocage de budgets accrus à destination de la recherche appliquée, par une incitation à la R&D pour l'innovation afin d'éviter qu'une industrie qui n'a pas anticipé le virage numérique se retrouve dans le fossé au prochain bouleversement technologique. Peut-être les stratégies nationales d'intelligence artificielle devraient-elles, dans cette perspective, inclure le journalisme et les médias en tant que secteur stratégique ?

Au centre du New Deal figure bien entendu la JTI, notre référentiel international, conçu avec des acteurs majeurs partout sur la planète. L'ensemble des parties intéressées, les plateformes numériques, les annonceurs qui achètent des espaces publicitaires, les bailleurs de fonds publics et privés, les organes de régulation, peuvent s'emparer de ce dispositif systémique, désormais opérationnel et disponible.

Les recommandations rassemblées dans le rapport du Forum visent à combler ce déficit de ressources et d'investissements en proposant des solutions qui permettraient de dégager chaque année 100 milliards de dollars de recettes supplémentaires pour les médias d'information. Toutes les dimensions de l'équation doivent être considérées pour assurer la pérennité de cette fonction sociale essentielle aux sociétés et aux individus.

Si c'est une partie du prix de la démocratie, et ça l'est, lancer ce plan à 100 milliards n'est pas cher payé.

C'est ce que disait, en substance, Maria Ressa lors de son discours de réception du prix Nobel : « Nous devons aider le journalisme indépendant à survivre. (...) À l'heure actuelle, alors que le journalisme est attaqué sur tous les fronts, seulement 0,3 % de l'APD est consacré au journalisme. Si nous poussons ce chiffre à 1 %, nous pouvons collecter 1 milliard de dollars par an pour les agences de presse. Ce sera crucial pour les pays du Sud. »

Pour sortir du chaos informationnel par le haut, les États peuvent, et même doivent, soutenir ce New Deal.

L'AUTRE PROCESSUS CLIMATIQUE

La feuille de route pour mettre fin au dérèglement climatique est claire. Pour la planète, nous devons limiter les émissions de gaz à effet de serre, qui contribuent à l'élévation des températures.

Idem pour la démocratie.

Il faut limiter les émissions de contenus outranciers, extrémistes, manipulateurs ou faux, qui échauffent les esprits.

Le contexte de concurrence entre États ne favorise pas le volontarisme, puisque tout gouvernement peut considérer que « la régulation du numérique dans un seul pays » ne fonctionne pas plus que « l'écologie dans un seul pays ».

Le CO_2 ne s'arrête pas aux postes frontières, la désinformation non plus.

Chacun est tenté d'attendre tous les autres.

En septembre 2021, nous organisons un premier Sommet sur l'information et la démocratie, en concertation avec le ministère français des Affaires étrangères. Nous avons travaillé pendant des mois avec la sous-direction Nations unies et Organisations internationales, connue en interne sous le sigle NUOI (prononcer « nuoï »). Que tous ceux qui y ont travaillé en soient ici remerciés.

Alors que l'Assemblée générale des Nations unies se réunit à New York, nous nous retrouvons au consulat de France, sur la 5e Avenue, dans cet hôtel particulier des années vingt qui imite la Renaissance italienne. La puissance invitante est le ministre Jean-Yves Le Drian qui n'a jamais mégoté son soutien à nos initiatives. Sont réunis autour d'une table virtuelle, épidémie de Covid oblige, des dizaines de ministres et des dirigeants d'organisations internationales comme l'Organisation de coopération et de développement économiques (OCDE) et l'organisation des Nations unies pour la science, la culture et l'éducation (Unesco), ainsi que la vice-présidente de la Commission européenne.

Si 43 gouvernements démocratiques ont alors signé le Partenariat sur l'information et la démocratie, celui qui est peut-être le plus important, celui des États-Unis, n'est pas de la partie. Sous la présidence Trump, nous avions eu quelques discussions avec le département d'État, mais ne lui avions pas proposé d'intégrer cette initiative. Les États-Unis s'étaient retirés du processus climatique, et il y avait tout lieu de penser qu'une immixtion américaine dans le nôtre serait néfaste. En proie à une crise démocratique interne gravissime, imprévisible sur le plan international, avec à sa tête un président doté d'un rapport distant à la vérité, cela n'aurait pas eu grand sens.

En revanche, comme nous avons échangé avec le secrétaire d'État de Joe Biden, Antony Blinken, nous considérons que c'est le moment pour que les États-Unis rejoignent le Partenariat.

Las, une poignée de jours avant le sommet explose une tempête diplomatique entre la France et les États-Unis sur fond de revirement australien s'agissant d'un contrat de vente de sous-marins. L'ambassadeur de France est rappelé à Paris. Jean-Yves Le Drian a des propos fracassants à la télévision : « La méthode Biden ressemble à celle de Trump. Les tweets en moins. »

Les équipes de RSF et du Forum sur l'information et la démocratie se retrouvent entre les diplomaties des deux pays. Des deux côtés on nous demande ce qui va se passer, mais nous sommes bien incapables de le savoir.

À la veille du sommet, nous apprenons que la participation américaine est annulée, comme la participation britannique. La ministre australienne, en revanche, a envoyé une vidéo, qui sera diffusée.

En assurant que l'évitement de l'explosion démocratique supposera « la même détermination qu'il faut pour éviter une augmentation des températures de plus de deux degrés Celsius », j'annonce que le forum va réunir dans les prochaines semaines un groupe de préfiguration d'un « observatoire international sur l'information et la démocratie ». Notre objectif est de créer, au sein du forum, l'équivalent de ce qu'est le GIEC pour le réchauffement climatique.

Le groupe sera coprésidé par deux personnalités : l'ancien secrétaire général de l'OCDE, Angel Gurria, et l'universitaire Shoshana Zuboff.

C'est ainsi que nous lançons le « GIEC de l'information et la démocratie ». Une instance ayant pour objectif de procéder à des évaluations de l'espace informationnel à fréquence régulière.

À l'issue du sommet, le ministre français observe : « Cet outil sera particulièrement utile pour analyser, à échéance régulière, les tendances de l'espace informationnel mondial. Cet observatoire pourra aussi nourrir notre travail et nos réflexions dans les institutions multilatérales. »

Il annonce aussi l'organisation de sommets annuels sur l'information et la démocratie.

C'est parti pour l'équivalent des COP.

Notre projet est devenu réalité.

DES SERVICES D'INTÉRÊT GÉNÉRAL

Dans l'attente de la constitution de l'« espace numérique démocratique », la régulation des plateformes et des réseaux sociaux est une urgence.

L'Union européenne est en avance sur le reste du monde en matière de législation sur le numérique. Il arrive même que l'on ironise à son propos : « L'Amérique innove, la Chine copie, l'Europe réglemente. »

S'il est exact que l'Europe n'innove pas beaucoup (ce qui est regrettable), qu'elle ne copie pas (ce qui est louable), on aurait tort de lui reprocher de réglementer. Le règlement européen sur la protection des données, le RGPD, beaucoup moqué au début, a fini par faire office d'exemple.

La Commission européenne a lancé en 2020 la production d'une législation sur les services numériques, connue sous son nom anglais, Digital Services Act (DSA) et Digital Markets Act (DMA). L'objectif est d'avancer par rapport à la « directive e-commerce » adoptée en 2000. À l'époque, le texte organisait leur « irresponsabilité », car l'enjeu était que les plateformes numériques, considérées comme des « tuyaux », ne puissent pas s'arroger trop de pouvoir en faisant des choix éditoriaux. Leur interdire de faire ces choix demeure un impératif, mais il est devenu évident qu'elles devaient avoir un certain nombre de responsabilités.

Le commissaire européen, Thierry Breton, chargé de cette législation avec sa collègue danoise, Margrethe Vestager, explique ainsi sa logique de travail : « Le fil conducteur du DSA est simple : ce qui est autorisé offline doit l'être online, ce qui est interdit offline doit l'être online. Que l'on parle de contrefaçon, d'antisémitisme, de pédopornographie, de menaces de mort ou de vente de drogues, tous les contenus illégaux doivent être retirés. Les contenus haineux, l'amplification de la violence verbale et physique, la désinformation doivent être identifiés comme tels et traités en conséquence. Tout ce qui est interdit dans l'espace public sera aussi interdit dans l'espace online[1]. »

Comme j'ai pu le constater lors de deux réunions de travail avec lui (à distance), Thierry Breton est un homme intelligent et volontaire, qui a dû naviguer entre Charybde et Scylla. Pas facile d'établir un consensus fort des pays européens, ni d'empêcher les plateformes de lancer leurs puissantes opérations de lobbying.

1. Thierry Breton : « Tout ce qui est interdit », France Inter, 14 octobre 2020.

Incontestablement, la législation fera avancer les choses.

Néanmoins, interdire en ligne ce qui est prohibé hors ligne n'est pas suffisant. La *matrix politica* numérique est trop différente de l'espace public traditionnel. Nous avons besoin non pas d'une duplication de la législation, mais d'invention juridique. Comment empêcher les machines parlantes de nous manipuler ? Comment éviter que les algorithmes favorisent l'extrémisme et les rumeurs, qui n'ont rien d'illégal ? Comment faire en sorte que les messageries privées ne soient pas des vecteurs de désinformation à grande échelle ?

À notre sens, cette législation ne sera pas suffisante. Une bonne partie des principes posés par la Déclaration sur l'information et la démocratie n'y est malheureusement pas traitée.

En 2018, la Commission européenne a lancé un code de bonnes pratiques contre la désinformation. Le code, révisé depuis, « constitue à l'échelle mondiale le premier cadre de ce type contenant les engagements de plateformes et d'entreprises en matière de lutte contre la désinformation », explique la Commission. Nous avons participé aux réunions de préparation et souscrivons au code, qui est une mesure salutaire. Mais le problème, c'est qu'il n'est pas contraignant.

L'Europe s'apprête aussi à adopter un European Media Freedom Act, qui peut-être donnera de nouveaux outils.

En tout cas, nous devons être plus radicaux.

Nous pourrions reconnaître l'évidence, à savoir que les Gafam et autres TikTok ne devraient pas être des entreprises comme les autres. Leurs activités devraient relever de logiques d'intérêt général. Ces sociétés privées disposent de monopoles de fait pour la réalisation d'une fonction essentielle, l'organisation de la délibération publique. La communauté citoyenne leur a concédé cette fonction, ce qui implique des obligations particulières (notamment des garanties pour l'égalité d'accès et la non-discrimination).

On peut la comparer à l'électricité et l'eau, dont la jouissance a une incidence sur les conditions de vie des individus. Quiconque distribue l'eau ou l'électricité doit se plier à des règles et ne peut par exemple pas fixer de lui-même les prix.

Les économistes américains parlent de *public utilities* ou d'*essential facilities*. En aucun cas il ne s'agit d'une « nationalisation ». En France, l'on pourrait parler de délégation de service public.

Les démocraties auraient ainsi un fondement juridique pour exiger des plateformes une transparence accrue, la séparation des fonctions de réseau social et de celles de régie publicitaire, ou même leur implication dans la gouvernance.

Faire des plateformes des services d'intérêt général réconcilierait le citoyen et l'utilisateur. Au nom du premier, les institutions démocratiques imposeraient des obligations aux services numériques, auxquels le second pourra souscrire.

Mark Zuckerberg ne pourra plus dire : « J'ai fondé ce réseau social, je l'administre comme je veux et, outre le droit commun, la relation fondamentale au cœur de Facebook est le contrat qui me lie à mes utilisateurs. »

ÉPILOGUE

LA CARTE ET LE TERRITOIRE

« Hic sunt dracones. »

Ici sont les dragons.

C'est la mention qu'inscrivaient les cartographes du Moyen Âge sur les superficies des contrées inconnues. En illustration, ils peignaient des créatures mythologiques, au gré de leur fantaisie. Les continents inexplorés prenaient l'allure de lointains terrifiants.

Internet pourrait devenir une semblable *terra incognita*.

Un paradis pour les dragons.

Il existe déjà le Dark Web, dont les sites ne sont pas répertoriés et sont inconnus même des moteurs de recherche. Dans ce Web clandestin s'aventurent seulement ceux qui maîtrisent des protocoles particuliers.

Mais il y aura bientôt, aussi, un Web qu'aucun cartographe ne sera capable de représenter.

Un continent sans contours ni fleuves.

Conçu par des ingénieurs, le Web d'origine 1.0 était une carte que les spécialistes savaient lire.

Le Web 2.0 est une carte qui dessine un territoire auquel chacun peut accéder aisément, publier ses contenus, construire son site, sans connaissance technique particulière. Un domaine que les sociétés technologiques ont envahi et conquis.

C'est sur les continents de cette carte que nous devons remettre des petits drapeaux démocratiques, et nous avons vu que c'est possible.

Le Web 3.0 pourrait être celui de la disparition de la carte après celle du territoire. Cette échéance peut survenir très vite, d'ici au milieu du XXIe siècle.

Ce qui se profile est en effet un Web plus rapide (la 5G), plus immersif (le métavers) et surtout décentralisé (par la *blockchain*).

Une *matrix politica* décomposée.

Une Organisation autonome décentralisée, une OAD, à l'architecture rhizomique.

Dans la pensée de Gilles Deleuze et de Félix Guattari, un rhizome, terme de botanique, désigne une structure en constante évolution et dénuée de hiérarchie.

Développée dès 2008, la technologie de la « chaîne de blocs » permet le stockage et la transmission d'informations, en transparence et en sécurité, sans contrôle centralisé. Les utilisateurs partagent des données sans intermédiaire, pas même une plateforme ou un réseau social. Le contraire de ce Web qui, pour filer la métaphore sylvestre, conserve une forme en arborescence avec ses racines, son tronc et ses feuilles.

TikTok, Facebook ou Twitter sont difficiles à atteindre, mais nous connaissons les noms de leurs dirigeants et les adresses de leur siège.

Les règles de gouvernance seront créées par n'importe qui, et inscrites dans une blockchain pour qui veut s'y soumettre. Des transactions commerciales à l'industrie des contenus, elles échapperaient à tout contrôle démocratique. Avec une structure en rhizome, seule la donnée compte, l'individualité triomphe. Peu importe qui vous êtes réellement, quelles sont vos intentions, vos motivations ou votre nationalité.

Nous allons affronter des dilemmes considérables. Le cryptage est nécessaire à la protection de la vie privée et la sécurité des transmissions, mais un monde échappant au regard des institutions démocratiques est un danger funeste. La blockchain permet de sécuriser la traçabilité des informations, mais l'authenticité d'un contenu n'est en rien la preuve de sa véracité.

Des manipulations pourraient être gravées dans le marbre de la blockchain.

Des faux documents ineffaçables.

Les conséquences politiques de ce Web 3.0 seraient potentiellement dévastatrices, le changement civilisationnel paroxystique. Au-delà de la démocratie, de la nation, c'est la société telle que nous la connaissons qui serait remise en cause.

Bien entendu, les démocraties pourront trouver des solutions, si elles ne se laissent pas dominer par la technologie, si elles acceptent d'être radicales.

Cela suppose de rattraper le temps perdu.

Cela implique d'inventer la démocratie numérique.

Comme dans les films de Hollywood, derrière un monde il y en a parfois un autre. Tel Sisyphe remontant sans cesse son rocher en haut de la montagne, avant que le rocher ne dévale et que Sisyphe doive se remettre à la tâche, nous sommes condamnés à plonger sans cesse dans une dimension plus profonde des enjeux numériques, à passer d'un niveau de réalité à un autre.

À l'instar du scénario des jeux électroniques, nous voilà engagés dans une course contre la montre où chaque niveau devient un peu plus difficile.

En 1992, l'année où était envoyé le premier texto, Leonard Cohen, prophétique, se lamentait dans la chanson *The Future* : « *Give me back my broken night / My mirrored room, my secret life.* » (« Rends-moi ma nuit brisée / Ma chambre dont je vois le reflet, ma vie secrète. »)

La conclusion, apocalyptique, était sans appel : « *I've seen the future, baby / It is murder.* » (« J'ai vu le futur, mon petit / C'est un meurtre. »)

Nous ne sommes pas dans un jeu vidéo ni dans *Minority Report*, mais nous avons la possibilité d'éviter le meurtre avant qu'il ne soit commis, nous pouvons empêcher la fin de la démocratie.

Nous pouvons éviter que la *matrix politica* ne nous file entre les doigts.

Nous pouvons remonter les aiguilles de l'horloge de l'apocalypse pour les éloigner de minuit.

CINQ LEÇONS

À l'heure où je termine la rédaction de ce livre, la France vit un moment politique particulier.

Je laisse le lecteur juger du travail accompli et des objectifs atteints. Je sais au moins que RSF et toute son équipe, fédérant des centaines d'individus à travers le monde, ont contribué à un sursaut. Ce n'est qu'un début.

Que vous considériez ou non la régulation du numérique et la reconstruction du journalisme comme des priorités, il me semble que nous pouvons retenir quelques leçons pour l'action citoyenne.

Je vais essayer de les rassembler ici pour que, contrairement à ce que les publicités télévisées indiquent, vous puissiez un jour les reproduire à la maison.

1. Si vous vous sentez impuissant devant des phénomènes qui vous dépassent, essayez d'en comprendre les causes profondes et de les traiter. Le Petit Prince a raison : l'essentiel est invisible pour les

yeux. Nous devons cesser de privilégier notre regard sur notre entendement.

2. Être force de propositions, adopter une approche constructive vous rapproche plus du succès que la simple incantation catastrophiste. Cessons d'être des experts des problèmes pour devenir des experts des solutions, m'a dit un jour un conseiller de Barack Obama.

3. Si vous avez une bonne idée, faites-la prospérer le plus que vous pouvez. RSF est une organisation modeste, mais nous avons lancé la bataille des idées avec des penseurs internationaux. En les transmettant à des décideurs publics désemparés, nous avons contribué aux solutions à un tout autre niveau que le nôtre.

4. Ne vous laissez pas détourner ou retenir par ceux qui trouvent toujours une raison de ne rien faire. Les démocraties ne sauraient s'abstenir de réguler judicieusement la *matrix politica* au motif que les dictatures pourraient s'en inspirer négativement. Pendant que vous procrastinez, d'autres agissent, et pas toujours pour votre bien.

5. S'il est légitime d'avoir le pessimisme de la pensée, l'optimisme de l'action est un impératif. La bonne humeur facilite la créativité et renforce l'énergie.

Surtout, l'optimisme donne une direction, et l'envie de se lever pour marcher.

Ne l'oublions pas, ce n'est pas parce qu'on tente de sauver le monde qu'on doit passer une mauvaise journée.

ANNEXES

REMERCIEMENTS

Je remercie l'équipe de Reporters sans frontières, passée et présente, à Paris comme dans le reste du monde, pour son énergie et son courage à entretenir dans l'adversité la flamme du journalisme de qualité.

Cette aventure collective au service d'une cause, avec nos représentants, nos correspondants, nos partenaires, nos soutiens, est l'une des plus belles qui soient. Chacun d'entre vous a sa part de notre succès.

Un mot particulier pour Pauline Adès-Mevel, Cédric Alviani, Antoine Bernard, Emmanuel Colombié, Diana Guzman, Victoria Lavenue, Catherine Monnet, Émilie Poirrier, Élodie Truchon et Rebecca Vincent.

Je suis très reconnaissant envers Pierre Haski, président de RSF, Michael Rediske, président du conseil de RSF International, et l'ensemble des membres des organes de gouvernance et du conseil émérite.

J'exprime ma gratitude la plus profonde à tous ceux et toutes celles qui ont rendu possible le développement de l'Initiative sur l'information et la démocratie, chefs d'État et de gouvernement, ministres, fonctionnaires, membres de la société civile.

Un message particulier pour les membres de la Commission sur l'information et la démocratie, pour les administrateurs du Forum sur l'information et la démocratie et les membres des comités de pilotage des groupes de travail.

Je souhaite qu'Angel Gurria, Shoshana Zuboff, Maria Ressa, Marietje Schaake, Rasmus Nielsen soient particulièrement honorés, et j'adresse un salut chaleureux à Camille Grenier.

Ce livre, enfin, a été rédigé avec deux mains en plus des miennes. Thibaut Bruttin est le compagnon créatif et fidèle de cette aventure.

Les conversations avec Henri Pigeat ont toujours enrichi ma réflexion. Je suis redevable également envers mon éditeur, Philippe Robinet, et envers Marine Montégut.

De manière plus intime, je suis infiniment reconnaissant à ma famille, et notamment à Perrine et Nathan.

DÉCLARATION SUR L'INFORMATION ET LA DÉMOCRATIE

Préambule

L'espace global de l'information et de la communication est un bien commun de l'humanité qui doit être protégé comme tel. Son organisation relève de la responsabilité de l'humanité tout entière, par l'intermédiaire d'institutions démocratiques, dans le but de faciliter la communication entre les individus, les cultures, les peuples et les nations, au service des droits humains, de la concorde civile, la paix, la vie et l'environnement.

L'espace global de l'information et de la communication doit servir l'exercice de la liberté d'expression et d'opinion, en respectant les principes du pluralisme, de la liberté, la dignité, la tolérance et l'idéal de la raison et de la compréhension. La connaissance est nécessaire aux êtres humains pour développer leurs capacités biologiques, psychologiques, sociales, politiques et économiques. L'accès à la connaissance, en particulier celle de la réalité, est un droit fondamental.

Le contrôle politique sur les médias, l'assujettissement de l'information à des intérêts particuliers, l'influence croissante d'acteurs privés qui échappent au contrôle démocratique, la désinformation massive en ligne, la violence contre les reporters et l'affaiblissement du journalisme de qualité, menacent l'exercice du droit à la connaissance. Toute tentative de limiter abusivement cet exercice, par la force, la technologie ou le droit, est une violation du droit à la liberté d'opinion.

L'espace de l'information et de la communication doit être organisé de manière à permettre l'exercice des droits et de la démocratie. Il doit préserver et renforcer nos capacités à affronter les défis de notre temps, à anticiper notre destin commun et à rendre possible un développement durable prenant en compte les droits et intérêts des générations futures.

L'espace de l'information et de la communication doit garantir la liberté, l'indépendance et le pluralisme de l'information. Ce bien commun a une valeur sociale, culturelle et démocratique. À ce titre, il ne saurait être réduit à sa seule dimension commerciale. Les positions dominantes dans la production, la diffusion, le traitement et l'agrégation de l'information doivent être évitées si possible et contrôlées dans le cas contraire, de façon à préserver la diversité des faits et des points de vue.

Principes

Droit à l'information

La liberté d'opinion est garantie par l'échange libre des idées et des informations fondées sur des vérités factuelles. La vérité, susceptible de prendre des formes multiples, repose sur la correspondance entre la réalité et les perceptions ou sur les meilleures preuves disponibles, établies par des méthodes de recherche, scientifiques, journalistiques ou autres pratiques professionnelles, visant à produire de l'information fiable et de la connaissance.

L'information fiable est une condition de l'exercice de la liberté d'opinion, du respect des droits humains en général et des processus démocratiques, notamment la délibération, l'élection, la prise de décision et la redevabilité. L'intégrité du processus démocratique est atteinte quand des informations susceptibles de l'influencer sont manipulées.

Le droit à l'information consiste en la liberté de rechercher et de recevoir des informations fiables et d'y accéder. L'information ne saurait être considérée comme fiable que si sa collecte, son traitement et sa diffusion sont libres et effectués conformément aux principes d'attachement à la vérité, de pluralité des points de vue et de rationalité des méthodes d'établissement et de vérification des faits.

L'engagement à la libre poursuite de la vérité, à l'exactitude factuelle et à l'absence d'intention de nuire est nécessaire à l'intégrité de l'information. Diffuser des informations trompeuses ou incorrectes, ou dissimuler des informations devant être connues, peut altérer l'aptitude des individus à comprendre leur environnement et développer leurs capacités.

Les conflits d'intérêts non dits dans le champ de l'information sont une menace à la liberté d'opinion. Les contenus publicitaires ou promotionnels doivent être clairement identifiés comme tels.

Liberté d'expression

La liberté d'expression est le droit fondamental des individus de s'exprimer. Conformément aux standards internationaux de la liberté d'expression, et en considération des droits et de la réputation d'autrui, ce droit comprend celui de critiquer les systèmes de pensée. Il ne saurait être entravé ou limité par les croyances ou les sensibilités d'autrui.

La propriété intellectuelle, qui n'est applicable qu'aux créations et inventions, ne saurait créer de système clos dans l'espace de l'information et de la communication, ni être utilisée pour restreindre la délibération publique. Le produit du travail de collecte, de traitement et de diffusion de l'information donne droit à une juste rémunération.

Vie privée

Les participants au débat public doivent être en mesure de protéger la confidentialité de leurs informations ou de leurs échanges privés. Le droit à la vie privée ne peut être restreint que par des mesures proportionnées et nécessaires dans une société démocratique à la préservation de l'ordre public, à la sécurité des personnes, à la prévention des crimes, à la protection de la santé ou à la protection des droits et libertés d'autrui.

Responsabilité

La responsabilité de tous les participants au débat public est un principe essentiel qui implique la transparence sur leur identité. Les exceptions au principe de transparence sont légitimes si elles facilitent la recherche de la vérité ou si elles contribuent à la sécurité des participants.

Les participants au débat public sont responsables de leurs propos et écrits, y compris des contenus qu'ils diffusent ou contribuent à diffuser. Cette responsabilité ne peut être établie que sur le fondement des restrictions à la liberté d'expression prévues par le droit international.

Transparence des pouvoirs

Toute entité publique ou privée dotée de pouvoir ou d'influence a des obligations de transparence en proportion du pouvoir ou de l'influence qu'elle est en mesure d'exercer sur les individus ou les idées, dans les limites de l'intérêt public.

Cette transparence doit être assurée de façon rapide, sincère et systématique.

LES ENTITÉS QUI CRÉENT LES MOYENS TECHNIQUES, LES ARCHITECTURES DE CHOIX ET LES NORMES DE L'INFORMATION ET DE LA COMMUNICATION

Redevabilité

Quand elles créent les moyens techniques, les normes et les architectures de choix, les entités structurantes – entendues comme les entités contribuant à la structuration de l'espace de l'information et de la communication – doivent respecter les principes et garanties qui assurent la nature démocratique de cet espace. Elles sont responsables à proportion de l'impact de leur contribution.

Neutralité politique, idéologique et religieuse

Les entités structurantes, telles les plateformes, doivent se conformer pleinement aux standards de la liberté d'expression et d'opinion et leurs activités doivent respecter à cette fin le principe de neutralité politique, idéologique et religieuse, quand elles participent à la structuration de l'espace de l'information et de la communication. Les systèmes qui diffusent et traitent l'information et les idées doivent être neutres à l'égard des intérêts de ceux qui les contrôlent, à l'exception de la publicité, qui doit être identifiée de façon explicite.

Pluralisme

Les entités structurantes doivent promouvoir la diversité des idées et informations, le pluralisme des médias et favoriser la sérendipité. Les outils utilisés pour l'indexation et la curation – c'est-à-dire l'agrégation, le tri et la hiérarchisation de l'information – doivent autoriser le recours à des solutions alternatives, permettant un pluralisme de l'indexation, favorisant ainsi la liberté de choix de l'utilisateur.

Informations fiables

Les entités structurantes doivent mettre en œuvre des mécanismes pour favoriser la visibilité des informations fiables. Ces mécanismes doivent être fondés sur des critères de transparence, d'indépendance éditoriale, de mise en œuvre de méthodes de vérification et de conformité à l'éthique journalistique. L'intégrité, l'authenticité, la traçabilité des idées et des informations doivent être favorisées, de sorte que leur origine et leur mode de production soient connus. Favoriser les informations fiables ne saurait porter atteinte à la neutralité politique, idéologique et religieuse.

Transparence à l'inspection

Les entités structurantes doivent être prévisibles pour ceux sur qui elles ont de l'influence, résistantes à toute manipulation et ouvertes à l'inspection. Les plateformes doivent être transparentes sur leurs algorithmes de curation, les opérations de modération et leurs modalités humaines et techniques, la promotion financière des contenus, la collecte de données personnelles et les accords qu'elles pourraient avoir passés avec des gouvernements.

Intégration dès la conception

Le respect des obligations des entités structurantes, telles les plateformes, doit être intégré autant que possible dès la conception des programmes informatiques, des algorithmes et des objets connectés. Ces entités et services privés doivent respecter le principe de diligence raisonnable.

MÉDIAS ET JOURNALISME

Fonction sociale du journalisme

La fonction sociale du journalisme est d'assurer un rôle de « tiers de confiance » des sociétés et des individus. Elle crée les conditions de l'équilibre des pouvoirs et rend possible la pleine participation des individus à la société. Elle a pour but de rendre compte de la réalité, de la révéler de la façon la plus large, la plus profonde et la plus pertinente possible pour favoriser l'exercice du droit à la liberté d'opinion.

Le journalisme n'a pas vocation à présenter uniquement les événements, mais il doit aussi s'attacher à exposer les situations et les évolutions, de façon complète et inclusive, permettant au public de distinguer l'important du futile. Il lui revient de refléter les aspects positifs et négatifs des activités humaines et de présenter de manière constructive les solutions envisageables pour répondre aux grands défis de l'humanité.

Déontologie du journalisme

Les journalistes peuvent remplir leur fonction sociale à la condition que leurs droits soient protégés, qu'ils puissent travailler librement et qu'ils respectent leurs obligations déontologiques telles que définies dans les grands textes éthiques de la profession. Le journalisme peut être pratiqué par une pluralité d'acteurs, sans considération de statut, qu'ils soient professionnels ou non.

Les journalistes doivent s'attacher à traiter l'information de manière à servir l'intérêt général et les droits fondamentaux du public. Ils ne doivent pas considérer l'information comme un produit commercial. Animés par l'exigence de vérité, ils doivent présenter les faits de façon impartiale, en faisant autant que possible abstraction de leurs propres intérêts et préjugés et en rejetant toute forme de connivence ou de conflit d'intérêts.

Liberté et sécurité des journalistes

Le journalisme ne peut remplir sa fonction sociale que si la liberté et la sécurité des journalistes sont garanties, en ligne comme hors ligne. Les journalistes doivent être protégés contre toute forme de violence, de pression et de discrimination, contre toute forme de poursuite judiciaire abusive, et contre toute tentative d'affaiblissement de leurs capacités à remplir leur fonction sociale.

Les journalistes ont droit à la protection du secret de leurs sources. Une protection effective des lanceurs d'alerte est nécessaire pour garantir la transparence des pouvoirs.

Indépendance éditoriale

Les journalistes agissent en complète indépendance à l'égard de tous les pouvoirs comme de toutes influences abusives, politiques, économiques, religieuses ou autres. Toute atteinte aux principes d'indépendance, de pluralisme et d'honnêteté de l'information, de la part d'autorités publiques, de propriétaires ou d'actionnaires, d'annonceurs ou de partenaires commerciaux de médias, est une atteinte à la liberté de l'information.

Le financement public ou privé du journalisme ne doit pas être accompagné de conditions de nature à dicter la substance d'un contenu ou à interférer avec l'appréciation de la réalité par un journaliste.

Pérennité du journalisme

La fonction sociale du journalisme justifie un effort de la collectivité pour assurer sa viabilité financière.

VERS UN CADRE INTERNATIONAL
POUR L'INFORMATION ET LA COMMUNICATION

Le devoir de responsabilité, s'agissant d'activités qui dépassent les frontières nationales, en particulier dans un domaine qui évolue rapidement, soulève des questions complexes. Le contrôle démocratique nécessitera la participation permanente d'experts qui auront vocation à assurer à la fois la représentation de la diversité de l'humanité et l'évaluation rigoureuse des pratiques et conditions de la production de connaissance dans l'espace de l'information et de la communication. À cette fin, un groupe international d'experts devrait être créé. Son financement et son mandat devraient permettre un niveau suffisant d'indépendance à l'égard des sociétés privées comme des gouvernements. Ce groupe devrait avoir le pouvoir d'enquêter, de façon continue, sur les pratiques et les incidences des moyens, architectures et normes de la communication. Il devrait publier des rapports périodiques et des recommandations sur les bonnes pratiques.

BIBLIOGRAPHIE

Comité de pilotage présidé par Rasmus Nielsen, *Un New Deal pour le journalisme*, Forum sur l'information et la démocratie, 2021

Comité de pilotage présidé par Maria Ressa et Marietje Schaake, *Pour mettre fin aux infodémies*, Forum sur l'information et la démocratie, 2020

Le Grand Bond en arrière du journalisme en Chine, Reporters sans frontières, 2021

Le Nouvel Ordre mondial des médias selon la Chine, Reporters sans frontières, 2019

Médias : les oligarques font leur shopping, Reporters sans frontières, 2016

TABLE DES MATIÈRES

Avant-propos : Bienvenue dans la matrice 9

Partie I : Émergence de la *Matrix Politica* 15

Minuit moins une, 17. – *La place du village*, 22. – *La barbe de Jack*, 29. – *7 Janvier 2015*, 36. – *Résolution 2222*, 41. – *Nos prisons invisibles*, 47. – *Les sables d'Arabie*, 51. – *Chère Margarita*, 58. – *Avec Chomsky*, 67. – *Acte d'accusation*, 72. – *La victoire d'Oslo*, 77. – *Après Hiroshima*, 83

Partie II : Dérèglement démocratique 89

Une mini, mini, minimultinationale, 91. – *La résistance joyeuse*, 97. – *Le dernier homme*, 104. – *Un mauvais climat*, 112. – *Explosion démocratique*, 118. – *Biden & co*, 123. – *L'ordre de Pékin*, 129. – *Concurrence déloyale*, 136. – *Le tableau de Goya*, 142

Partie III : Le coup d'État numérique 147
Un putsch très discret, 149. – *La fin de l'utopie*, 154. – *« Ne sois pas le diable »*, 160. – *La doctrine Zuckerberg*, 166. – *Dans la Cynical Valley*, 171. – *David contre Googliath*, 176. – *La caste*, 181. – *Une plainte contre Facebook*, 186. – *Pervers métavers*, 191. – *Le massacre du journalisme*, 195. – *Capitalisme de surveillance*, 201. – *Le risque d'une contre-révolution*, 207

Partie IV : Le journalisme du futur 211
La leçon de Win Tin, 213. – *La farce d'Hannah*, 219. – *Circus Mediaticus*, 223. – *Les trains qui arrivent à l'heure*, 227. – *Plus blanc que blanc*, 233. – *Fairness Doctrine*, 238. – *Antipouvoir*, 242. – *Tiers de confiance*, 248. – *En week-end à Wiston House*, 255. – *L'ISO du journalisme*, 260. – *Secrets de fabrication*, 265. – *Les blagues de Lavrov*, 271. – *Les poubelles de Juncker*, 277. – *Le « bâton chinois »*, 281

Partie V : La contre-offensive démocratique 287
Tempête d'idées à l'Élysée, 289. – *La petite bande des Nobel*, 294. – *11 septembre 2018*, 301. – *Le droit à l'information*, 308. – *Convaincre les États*, 313. – *Mémoire de la boucherie*, 317. – *Rendez-vous lunaire*, 322. – *Le club des démocraties*, 328. – *Une institution du XXIe siècle*, 332. – *L'épidémie de fausses informations*, 335. – *Un New Deal pour le journalisme*, 341. – *L'autre processus climatique*, 346. – *Des services d'intérêt général*, 350

Épilogue 355
La carte et le territoire, 357. – *Cinq leçons*, 363

Annexes 367
Remerciements, 369. – *Déclaration sur l'information et la démocratie*, 371. – *Bibliographie*, 383

Photocomposition Nord Compo

Achevé d'imprimer en février 2022
par CPI BRODARD & TAUPIN (72200 La Flèche)
pour le compte des Éditions Calmann-Lévy
21, rue du Montparnasse, 75006 Paris

PAPIER À BASE DE FIBRES CERTIFIÉES

CALMANN LÉVY s'engage pour l'environnement en réduisant l'empreinte carbone de ses livres.
Celle de cet exemplaire est de :
800 g éq. CO_2
Rendez-vous sur www.calmann-levy-durable.fr

N° d'éditeur : 2468928/01
N° d'imprimeur : 3047316
Dépôt légal : mars 2022
Imprimé en France.